suhrkamp taschenbuch 4067

FÜR ALLE FÄLLE: **BRECHT**
Band 2
Herausgegeben von Albert Ostermaier

Das Beste von Bertolt Brecht: widersprüchlich und weitsichtig, präzise und philosophisch, witzig und derb und immer wieder überraschend – B.B. über die wirklich wichtigen Dinge des Lebens.
Zu denen unbedingt der Rausch gezählt werden muß, und mit Lastern und Genüssen, Vergnügungen und Freuden aller Art kannte Brecht sich bekanntlich aus. Genau wie der Mann, der die Texte in diesem Band ausgewählt hat: Charles Schumann, Jahrgang 1941, Barkeeper und Betreiber der bekanntesten Bars Deutschlands, beliebter Treffpunkte von Autoren und Künstlern. Albert Ostermaier, geboren 1967, selbst Stammgast im *Schumanns* und von 2006 bis 2008 künstlerischer Leiter des internationalen Brecht-Festivals *abc*AugsburgBrechtConnected*, hat sich mit dem Herausgeber unterhalten und leitet den Band ein.

Bertolt Brecht

RAUSCH

Ausgewählt von
Charles Schumann

Begleitet von
Albert Ostermaier

Suhrkamp

Redaktion des vorliegenden Bandes:
Denise Kratzmeier

suhrkamp taschenbuch 4067
Erste Auflage 2009
Suhrkamp Taschenbuch Verlag
Für diese Auswahl

Druck und Bindung: Kösel, Krugzell
Printed in Germany
ISBN 978-3-518-46067-2

1 2 3 4 5 6 – 14 13 12 11 10 09

RAUSCH

GELEITWORT

»Eigentlich sollte man sich in diesem Buch«, meint Charles Schumann, und rückt sich den Klappstuhl in die Novembersonne, wischt sich die Hände an der Schürze über der violetten Anzugshose ab, wie immer barfuß in den schwarzen Schnürschuhen, »eigentlich«, setzt er wieder an, »sollte man sich in diesem Buch wie in einer Bar bewegen. Zuerst hat man eine gewisse Scheu, auch Respekt, wenn man den Raum betritt, die ersten Seiten aufblättert. Man sucht einen Platz, welcher der eigene werden kann, eine Zeile, die man immer wieder zuerst aufschlagen wird, von der aus man in die anderen Zeilen springen kann, wenn man den Blick durchs Lokal oder über die Gedichte schweifen läßt, ein Augenpaar sucht und versucht, dem Blick standzuhalten. Dann braucht es Zeit, bis man die Worte findet, mit denen man ein Gespräch beginnt, mit denen man den Barmann begrüßt, ein Refrain, ein kleines Ritual, das sich mit dem Wiederkommen einstellt. Wenn die Bar einen annimmt und man die Bar annimmt.« Er zieht den Stuhl wieder etwas weiter über den Kies des Hofgartens mitten in das Spielfeld der Boulespieler, die ihre Kugel an kleinen Magneten hochziehen und sie mit einem Tuch abwischen, bevor sie in elliptischen Fluglinien uns immer näher kommen. »Komm, rück etwas näher, man muß die letzten Sonnenstrahlen vor dem Winter ausnützen, vielleicht können wir Samstag noch auf dem großen Platz spielen, wenn es nicht schneit. Weißt du«, er hält kurz inne, ein Kellner bringt uns quer über den Platz zwei Kaffee, bei Charles steht immer der Löffel in der Tasse, »in jeder großen Stadt weltweit gab es eine Bar, die jeder kannte, wenn er seinesgleichen suchte. Und in dem Buch findet man vielleicht auch seinesgleichen. Man findet ein Gedicht, einen Satz, an dem man sich berauscht, oder in dem man sich erkannt fühlt, ertappt in der Angst oder der Sehnsucht. Man findet eine Beobachtung, die man selbst gerne gemacht hätte oder gemacht hat. So ein Buch schlägt man am nächsten Tag wieder auf und die Lücken der letzten Nacht schließen sich, das Licht fällt zurück auf das Ende der Nacht, die Reise dorthin. Früher, als ich anfing, da waren die Journalisten und Dichter nicht in der Lage, ohne zu trinken oder zu rauchen etwas zu Papier zu bringen. Das war die Hochzeit der Barkultur. Da war es normal, einen Tag mit einem Glas Wein zu beginnen. Am frühen Nachmittag ging man zu Gin Tonic oder Vodka Lemon über. Dann traf man in der Bar, in der man vielleicht schon saß, seine Freunde und trank pur bis zum frühen Morgen. Vielleicht konnte man das einen gepflegten Rausch nennen, wenn ein Rausch gepflegt sein kann. Die meisten werden ja laut und aggressiv, wenn sie zuviel getrunken haben. Ich bin eher nüchtern geworden, wenn ich zuviel getrunken habe, dann merke ich es noch am nächsten Tag, dann fang ich die Bälle nicht, wenn wir spielen, dann fliegen sie an mir vorbei, als würde mich die Sonne blenden und nicht der Alkohol, der von innen auf die Pupillen drückt. Ich berausch mich eher und viel mehr an der Sprache. Ich liebe Sprache, liebe Grammatiken, ich kann stundenlang Grammatiken lesen. Rausch, das ist für mich, wenn ich am Atlantik auf eine Welle schaue, den Surfern zuschaue, wie sie auf den Wellenkämmen reiten. Oder ich schau nur auf das Wasser, wenn es still vor mir liegt. Ich hätte gerne eine Bar am Meer, was kleines, wo man stilvoll trinkt. An einem Boxkampf, da kann ich mich auch berauschen, an der Dramatik, an der Choreographie, an der Art, wie sie sich umtänzeln. Da bin ich gebannt. Rausch ist ja auch sich begeistern wollen oder den Geistern im Kopf und im Glas ins Auge schauen. Magst du noch was?« Die Sonne entfernt uns immer weiter von der Bar weg, aber sie scheint mit uns zu wandern, als hätte sie Charles an unsichtbaren Fäden in der Hand oder es ist dieses magische Licht, das man dann erst nach Mitternacht wieder findet in einer der Ecken des *Schumanns*, wenn das Licht sich auf die Plätze verteilt, nachdem es den ganzen Abend stand. »Schön ist«, jetzt steht er auf, »daß das Buch so klein ist, man steckt es in die Tasche. So würde man auch gerne seine Bar einstekken, wenn man auf Reisen geht, sie einfach auspacken mit den anderen Sachen und sich daran festhalten in der Fremde, die einen berauscht. Ein echter Bargänger verläßt eigentlich seine Bar nie, wenn er sie einmal gefunden hat. Und wenn er tausende Kilometer entfernt ist, sucht er ein Eck, ein Glas, ein bestimmtes Licht, irgend etwas, das ihn erinnert, oder er schließt die Augen beim ersten Schluck. Und dann, wenn du am Strand bist und den Wellen zuschaust, legst du deinen Nacken darauf und holst dir einen Rausch am Meer. Oder wenn du nicht soweit kommst«, wir sind wieder in der Bar angekommen und er drückte mir den Stapel Seiten mit seiner Brecht-Auswahl in die Hand, »an diesem Meer aus Worten, die«, er fängt an zu lachen, »wie Branntwein brennen auf der Seele«, und verschwindet in die Küche.

Albert Ostermaier / Charles Schumann

VORBILDLICHE BEKEHRUNG EINES BRANNTWEINHÄNDLERS

1

Hinter Gläsern, an dem Schanktisch mit den
Schweren Lidern, Lippen violett
Trüben Augen in dem schweißigen Antlitz
Sitzt ein Branntweinhändler bleich und fett.
Seine schmierigen Finger zählen
Geld in einen Sack hinein:
In des Branntweins ölige Lache
Sinkt sein Kopf, und er schläft ein.

2

Und sein schwerer Leib, er wälzt sich ächzend
Kalter Schweiß klebt auf der Stirn wie Schleim
Und in seinem schwammigen Gehirne
Sucht ein schrecklich böser Traum ihn heim.
Und er träumt: er ist im Himmel
Und er muß vor Gottes Thron
Und trinkt Schnaps vor Angst und ist nun
Bis zum Halse voll davon.

3

Sieben Engel halten ihn umringet
Und er schwankt in seinen beiden Knien
Doch sie führen ihn, den Branntweinhändler
Stumm vor Gottes weißen Thron nun hin.

Seine schweren Lider heben
Kann er nicht in Gottes Licht
Und er fühlt die Zunge kleben
Blau, mit scheußlichem Gewicht.

4
Und er sieht sich um nach einer Hilfe
Und er sieht in grünem Algenlicht:
Vierzehn Waisenkindlein schwimmen weinend
Flußab mit vergehendem Gesicht.
Und er sagt: es sind nur sieben
Weil ich so besoffen bin.
Doch er sagt es nicht: die Zunge
Will nicht an die Zähne hin.

5
Und er sieht sich um nach einer Hilfe
Bei den Männern, die er karten sieht
Und er schreit: Ich bin der Branntweinhändler!
Doch sie schreien ihr besoffen Lied.
Und sie schreien sich um ihre
Seligkeit voll Schnaps und blind.
Und er sieht an grünen Flecken
Daß sie fast verfault schon sind.

6
Und er sieht sich um nach einer Hilfe
Und er sieht: er steht im Hemd am Thron!

Steht im Hemd im Himmel, hört sie fragen:
Hast du all dein Kleid versoffen schon?
Und er sagt: Ich hatte Kleider
Und sie sagen: Keine Scham?
Und er weiß: Hier standen viele,
Denen ich die ihren nahm.

7
Und er sieht sich nicht mehr um nach Hilfe
Und er fällt aufs Knie hin, daß es klatscht
Und er fühlt das Schwert im Fleisch am Nacken
Und das Hemd, das naß von Schweiß dran patscht:
Und er schämt sich vor dem Himmel
Und er fühlt im Innern drin:
Gott hat mich verstoßen jetzt, weil
Ich ein Branntweinhändler bin.

8
Und erwacht: mit schweren Lidern, stieren
Augen und den Lippen violett.
Doch er sagt zu sich: Nie wieder je bin
Ich ein Branntweinhändler, bleich und fett.
Sondern nur für Waisenkinder
Säufer, Greis und Dulderin
Gebe ich in Zukunft dieses
Segenlose Schmutzgeld hin.

(11,63-65)

Damit die dramatische Kunst auf Sie voll wirken kann, werden Sie aufgefordert, tüchtig zu rauchen. Die Bühnenkünstler sind die besten der Welt, die Getränke vollprozentig, die Stühle bequem, Wetten auf den Ausgang der Handlung werden an den Bartischen angenommen, die Aktschlüsse mit Vorhang finden statt, wenn das Publikum wettet. *(2,158)*

Wenn ich etwas von mir sagen kann, so ist es, daß ich gegen diese Anfälle von sinnloser Nüchternheit ankämpfe wie ein Mann. Aber was hilft es? Sie überwinden mich immer wieder. *(6,290)*

Es gibt bei uns sehr wenig Philosophen, die sich für Vergnügungen aussprechen. In der Tat werden die Philosophen, welche die Vergnügungen unterbinden, oder zumindest einschränken wollen, höher gepriesen, ernster genommen. Ihre Vorschriften werden desto mehr geachtet, je weniger sie beachtet werden. Der besitzende Teil der Bevölkerung verurteilt die Vergnügungssucht der Besitzlosen aus begreiflichen Gründen, der besitzlose Teil die der Besitzenden ebenfalls aus begreiflichen Gründen. So kamen die Vergnügungen, wo immer von Moral gesprochen wurde, in schlechten Ruf. *(23,361)*

SONETT FÜR TRINKER

So wie man Fleisch, um es zu essen, klopft
Soll man, um sich am eignen Leib zu weiden
Sich selbst für den Genuß erst zubereiten
(Man nehme Schnaps, der durch den Gaumen tropft)

Der Kopf des Menschen ist zumeist verstopft
Und stets bedroht von seinen Eingeweiden
Doch ist's »des Mannes Wollust, nicht zu leiden«
Und dies gelingt ihm, wenn er sich entkopft

Dem Trinker scheint es würdig eines Manns
Seinen Kopf zu behandeln wie seinen Schwanz
Die bittere Milch ist's, die ihm dies verheißt

Dem Esser ist Enttäuschung fast gewohnt
Die Sicherheit beginnt erst, wenn er scheißt
Denn nichts zu wollen, ist das, was sich lohnt

(13,320)

Der Satz *Das Ziel eines Menschen ist, sich zu vergnügen* ist deshalb schlecht, weil es dem guten Satz *Das Ziel der Menschheit ist, sich zu vergnügen* ins Gesicht schlägt.

(23,361)

Den Abendhimmel macht das Saufen
Sehr dunkel, manchmal violett.
Dazu dein Leib im Hemd zum Raufen
In einem breiten weißen Bett. *(1,49)*

Der Schnaps ist in die Toiletten geflossen
Die rosa Jalousien herab
Der Tabak geraucht, das Leben genossen
Wir segeln nach Alaska ab *(13,238)*

Ich schätze die Tröstungen des Fleisches. Ich habe keine Geduld mit den feigen Seelen, die dann von Schwäche sprechen. Ich sage: Genießen ist eine Leistung *(5,254)*

Es wird auch geraucht in diesen Theatern. Im Zuschauerraum wird Tabak verkauft. Auf der Bühne sitzen also Snobs mit Pfeifen und betrachten träumerisch, wie der Schauspieler den Tod des Macbeth darstellt. *(22,737)*

ÜBER DEN RICHTIGEN GENUSS VON SPIRITUOSEN

Andere gießen ihr Glas gewöhnlich nur so hinunter
Und kriegen nichts als ein alkoholisches Herz davon
weg
Wenn ich trinke, geht die Welt grinsend unter
Und ich bleibe noch ein Minute. Ich sehe darin einen
Lebenszweck.

Ich lese dabei gern die Zeitung, bis meine Hände
Etwas zu zittern beginnen, dann sieht es nicht aus
Als besaufte ich mich mit Absicht. Ich tue gern, als
verstände
Ich mich nicht auf Alkohol, denn zu Haus

Hat es mir meine Mutter sehr abgeraten
Es war sozusagen ihr heimlicher Schmerz.
Aber ich bin Schritt für Schritt in seine Klauen geraten
Es wird mir davon etwas leichter. Ich spüre mein rotes
Herz.

Ich fühle, daß auch mein niederes Leben nicht
umsonst und verfehlt ist
Ich achte die großen Geister. Ich verstehe sie.
Ich sehe die Welt, wie sie ist, und wenn das Bild nicht
zu stark gewählt ist
Überfliege ich manchmal sogar wie betrunkene
Tauben den Mont Cenis.

Ich höre tatsächlich, Sie werden mir ja nicht glauben
wollen
Tabakfelder rauschen in einer Art bitterer Niederung
Ich weiß, sie sind lang seit 4000 Jahren verschollen
Aber sie sind mir wirklich noch eine gewisse
Beruhigung. *(13,259 f.)*

Ich bin ein Raubtier und benehme mich auf dem Theater wie im Dschungel. Ich muß etwas kaputtmachen, ich bin nicht gewohnt, Pflanzen zu fressen. *(21,53)*

Fast immer, wenn einige Männer beisammensitzen, entsteht, durch Alkohol und Tabak übrigens sehr begünstigt, Literatur. *(21,129)*

VOM SCHWINMMEN IN SEEN UND FLÜSSEN

1
Im bleichen Sommer, wenn die Winde oben
Nur in dem Laub der großen Bäume sausen
Muß man in Flüssen liegen oder Teichen
Wie die Gewächse, worin Hechte hausen.
Der Leib wird leicht im Wasser. Wenn der Arm
Leicht aus dem Wasser in den Himmel fällt
Wiegt ihn der kleine Wind vergessen
Weil er ihn wohl für braunes Astwerk hält.

2

Der Himmel bietet mittags große Stille.
Man macht die Augen zu, wenn Schwalben kommen.
Der Schlamm ist warm. Wenn kühle Blasen quellen
Weiß man: ein Fisch ist jetzt durch uns
geschwommen.
Mein Leib, die Schenkel und der stille Arm
Wir liegen still im Wasser, ganz geeint
Nur wenn die kühlen Fische durch uns schwimmen
Fühl ich, daß Sonne überm Tümpel scheint.

3

Wenn man am Abend von dem langen Liegen
Sehr faul wird, so, daß alle Glieder beißen
Muß man das alles, ohne Rücksicht, klatschend
In blaue Flüsse schmeißen, die sehr reißen.
Am besten ist's, man hält's bis Abend aus.
Weil dann der bleiche Haifischhimmel kommt
Bös und gefräßig über Fluß und Sträuchern
Und alle Dinge sind, wie's ihnen frommt.

4

Natürlich muß man auf dem Rücken liegen
So wie gewöhnlich. Und sich treiben lassen.
Man muß nicht schwimmen, nein, nur so tun, als
Gehöre man einfach zu Schottermassen.
Man soll den Himmel anschaun und so tun
Als ob einen ein Weib trägt, und es stimmt.

Ganz ohne großen Umtrieb, wie der liebe Gott tut
Wenn er am Abend noch in seinen Flüssen schwimmt.

(11,72f.)

VOM KLETTERN IN BÄUMEN

1

Wenn ihr aus eurem Wasser steigt am Abend –
Denn ihr müßt nackt sein und die Haut muß weich sein –
Dann steigt auch noch auf eure großen Bäume
Bei leichtem Wind. Auch soll der Himmel bleich sein.
Sucht große Bäume, die am Abend schwarz
Und langsam ihre Wipfel wiegen, aus!
Und wartet auf die Nacht in ihrem Laub
Und um die Stirne Mahr und Fledermaus!

2

Die kleinen harten Blätter im Gesträuche
Zerkerben euch den Rücken, den ihr fest
Durchs Astwerk stemmen müßt; so klettert ihr
Ein wenig ächzend höher ins Geäst.
Es ist ganz schön, sich wiegen auf dem Baum!
Doch sollt ihr euch nicht wiegen mit den Knien!
Ihr sollt dem Baum so wie sein Wipfel sein:
Seit hundert Jahren abends: Er wiegt ihn. *(11,71f.)*

Es muß zugestanden werden, daß die Versuche des deutschen Theaters hauptsächlich gerade gegen die Rauschfunktion der Kunst gerichtet waren. Es handelte sich keineswegs nur darum, »starkes«, »lebensnahes«, »packendes« Theater zu machen, sondern weit eher, solche Abbildungen der Wirklichkeit zu geben, daß die abgebildete Wirklichkeit »meisterbar« wurde. Erregung, ohne die man sich Theater heute nicht vorstellen kann, trat auch dabei ein; sie glich jedoch mehr der Erregung von Leuten, die Öl finden (oder einen wahrhaft nützlichen Menschen), als der von Kindern, die auf dem Karussell fahren. *(23,18)*

ALABAMA SONG

1

Oh, show us the way to the next whisky-bar
Oh, don't ask why, oh, don't ask why
For we must find the next whisky-bar
For if we don't find the next whisky-bar
I tell you we must die! I tell you we must die!
Oh! Moon of Alabama
We now must say good-bye
We've lost our good old mamma
And must have whisky
Oh! You know why.

2
Oh, show us the way to the next pretty girl
Oh, don't ask why, oh, don't ask why
For we must find the next pretty girl
For if we don't find the next pretty girl
I tell you we must die! I tell you we must die!
Oh! Moon of Alabama
We now must say good-bye
We've lost our good old mamma
And must have a girl
Oh! You know why.

3
Oh, show us the way to the next little dollar
Oh, don't ask why, oh, don't ask why
For we must find the next little dollar
For if we don't find the next little dollar
I tell you we must die! I tell you we must die!
Oh! Moon of Alabama
We now must say good-bye
We've lost our good old mamma
And must have dollars
Oh! You know why. *(11,104 f.)*

Das Leben als Leidenschaft! Ich betreibe das so. Es liegt auf der Hand, daß sie mich zugrund richtet! *(26,275)*

VERGNÜGUNGEN

Der erste Blick aus dem Fenster am Morgen
Das wiedergefundene alte Buch
Begeisterte Gesichter
Schnee, der Wechsel der Jahreszeiten
Die Zeitung
Der Hund
Die Dialektik
Duschen, Schwimmen
Alte Musik
Bequeme Schuhe
Begreifen
Neue Musik
Schreiben, Pflanzen
Reisen
Singen
Freundlich sein *(15,287)*

Ich find, da ist was dran, daß der sogenannte Materialismus in den besseren Kreisen in Verruf ist, man spricht gern von niedrigen materiellen Genüssen und rät den untern Klassen ab, sich ihnen in die Arme zu werfen. An sich ist es nicht nötig, weil sie das Kleingeld dafür sowieso nicht haben. Ich hab mich oft gewundert, warum die linken Schriftsteller zum Aufhetzen nicht saftige Beschreibungen von den Genüssen anfertigen, die man hat, wenn man hat. Ich seh immer nur

Handbücher, mit denen man sich über die Philosophie und die Moral informieren kann, die man in den besseren Kreisen hat, warum keine Handbücher übers Fressen und die andern Annehmlichkeiten, die man unten nicht kennt, als ob man unten nur den Kant nicht kennte! Das ist ja traurig, daß mancher die Pyramiden nicht gesehen hat, aber ich finds beklemmender, daß er auch noch kein Filet in Champignonsauce gesehen hat. Eine einfache Beschreibung der Käsesorten, faßlich und anschaulich geschrieben, oder ein künstlerisch empfundenes Bild von einem echten Omelette würd unbedingt bildend wirken. Eine gute Rindssuppe geht mit dem Humanismus ausgezeichnet zusammen. Wissen Sie, wie man in anständigen Schuhen geht? Ich mein in leichten, nach Maß, aus feinem Leder, wo Sie sich wie ein Tänzer fühlen, und richtig geschnittene Hosen aus weichem Material, wer kennt das schon von euch? Das ist aber eine Unwissenheit, die sich rächt. Die Unwissenheit über Steaks, Schuhe und Hosen ist eine doppelte: Sie wissen nicht, wie das schmeckt, und Sie wissen nicht, wie Sie das bekommen können, aber die Unwissenheit ist eine dreifache, wenn Sie nicht einmal wissen, daß es das gibt. *(18,204f.)*

Nach Genuß von etwas schwarzem Kaffee erscheinen auch die Eisenzementbauten in besserem Licht.

(26,283)

Xantippe sprach zu Sokrates:
»Du bist schon wieder blau.«
Er sprach: »Bist Du auch sicher dess'?
Kein Mensch weiß was genau.«
Er gilt noch heut als Philosoph
Und sie als böse Frau. *(14,234)*

Mein Appetit ist zu schwach. Ich bin gleich satt!! Die Wollust wäre das einzige, aber die Pausen sind so lang, die sie braucht! Wenn man den Extrakt ausschlürfen könnte und alles verkürzen! Ein Jahr vögeln oder ein Jahr denken! Aber vielleicht ist es ein Konstitutionsfehler, aus dem Denken eine Wollust zu machen; es ist vielleicht zu etwas anderm bestimmt! Für einen starken Gedanken würde ich jedes Weib opfern, beinahe jedes Weib. Es gibt viel weniger Gedanken als Weiber. Politik ist auch nur gut, wenn genug Gedanken vorhanden sind. (Wie schlimm sind auch hier die Pausen!) Der Triumph über die Menschheit. Das Richtige tun zu dürfen, unnachsichtig, mit Härte! *(26,289)*

Nicht für Geselligkeit	sondern für Männergespräche
Nicht für Liebe	sondern für Wollust
Nicht für gut essen	sondern für Hungerstillen
Nicht für spielen	sondern für arbeiten

Nicht für Muße	sondern für Faulheit
Nicht für Mädchen	sondern für Frauen

(26,290)

Große Appetite gefielen mir sehr. Es schien mir ein natürlicher Vorzug, wenn Leute viel und mit Genuß essen konnten, überhaupt viel wünschten, aus den Dingen viel herausholen konnten usw. An mir mißfiel mir mein geringer Appetit. Freilich hatte auch ich heftige Wünsche, dies oder das zu besitzen, aber sie waren plötzlich und unregelmäßig statt stetig und verläßlich, wie sie mir gefallen hätten. Und vor allem: hatte ich, was ich mir gewünscht hatte, so war ich so bald satt; so daß ich geradezu Unbehagen spürte vor einem Teller mit begehrten Speisen, ich könnte ihn nicht aufessen können, da mein Magen zu klein war. Die Frage war also: Wie sollte ich große und stetige Appetite bekommen?

(26,292)

ÜBER DEN SCHNAPSGENUSS

1

In dem grünen Kuddelmuddel
Sitzt ein Aas mit einer Buddel
Grünem Schnaps. (Grünem Schnaps.)
Sitzt ein Aas mit einer Buddel
Und Herzklaps.
(Und Herzklaps.)

2
Sehet an, Josef, den Keuschen
Zwischen ungeheuren Fleischen
Sitzt und schnullt. Sitzt und schnullt
An den Fingern, an den keuschen, aus Unschuld.
(Aus Unschuld.)

3
Sieben Sterne schmecken bitter.
Süß gezupfte Magenzitter
Macht sie gut. Macht sie gut.
Sieben Lieder, sieben Liter, das gibt Mut.
(Das gibt Mut.)

4
Linsel Klopps ging grad wie'n Meier.
Doch nun ist ihm auch viel freier
Seit er schwankt. Seit er schwankt.
Ach du Schwan in seinem Weiher, sei bedankt.
(Sei bedankt!) *(11,62)*

Ich bin abends auf dem Plärrer und fahre mit der Schiffschaukel. Das gewährt mir volle Befriedigung. Es ist einer der schönsten Sporte, damit wendet man einen Abend nutzbringend an, man geht anders nach Hause als sonst, nach den vielen verlorenen, leeren Abenden, wo man nichts tat und nichts gewann. *(26,138)*

Ich habe Schnaps getrunken und schreibe in Hemdärmeln, sitze unter dem roten Lampion. Obwohl es kühl ist, aber man lebt nur einmal. Erst wenn man getrunken hat, ist man zurechnungsfähig. *(26,183)*

CIVILIS-SONG

(Vor weißen Vorhang tritt ein muskulöser, breiter Neger in roter Uniform. Er hat eine Trommel vorgespannt. Licht grünlich.)

1

Grün war unser Dschungel
Trocken unsre Kraal
Aoh! Aoh!
Unsere Nabel träuften
Von die Fett einmal.
Aoh!
And because bei uns
Es grün und trocken war
Kam one day das Schnapsverkäufer
Und das Missionar.
Oah oah!
Bum!
Unsere feine trockne Kraal kaputt kaputt!
Weiße Missionar verkauft für Glock und Gin
Schwarze Mann kann drink wie Nilpferdpott
Weiße Mann kann drink wie Nilpferdpott
Mit Loch darin.

Und seit disse Tack hat es geschneit auf schwarze Haut.
Haut ist nicht geworden niemals weiß davon.
Schwarze Haut macht bumbum, schwarze Haut macht laut
Habe auf main Trommel schwarze Niggerhaut
Haut is überrblibben, Nigger is verdaut!
Weiße Mann hat uns geimpft mit Civilis-Civilis-Civilisation!

2
Whiskymann hat Whisky
Saufte grüne Räusch
Aoh aoh!
Missionar hat Himmel
Fraße Pferderfleisch
Aoh! Aoh!
Und an die arme Nigger
Verfeilschten ihr den Lamm
Die der Welten Missetat
Trägt sechs Pfaund der Gramm oah oah
Bum!
Unsere feine dicke Vieh kaputt kaputt!
Whiskymann hat teire Lamm auf Tisch.
Missionar frißt Pferderapfelcherkompott
Schwarze Mann frißt Gras von liebe Gott
Und faules Fisch.
Und seit disse Tack hat es geschneit auf schwarze Haut.
Haut ist nicht geworden niemals weiß davon.

Schwarze Haut macht bumbum, schwarze Haut macht laut
Habe auf main Trommel schwarze Niggerhaut
Haut is überrblibben, Nigger is verdaut!
Weiße Mann hat uns geimpft mit Civilis-Civilis-Civilisation!

3

Unsere Missis trabben
In uaiße Federhut
Slackt sie arme Nigger
Zeigen Missionar den Blut
Was die viele Lump
Wie weiße Ladies hathe
Sind doch an die Körpern nicht
Wie Magermilch und Käs.
Unsere feine dicke Missis o verreckt!
Weiße Miß für Nigger viel zu roh!
Hat für Nigger gar nimmer affect
Weiße Weibsfleisch bloß Primäraffekt
An die Popo.
Und seit disse Tack hat es geschneit auf schwarze Haut.
Haut ist nicht geworden niemals weiß davon.
Schwarze Haut macht bumbum, schwarze Haut macht laut
Habe auf main Trommel schwarze Niggerhaut
Haut is überrblibben, Nigger is verdaut!
Weiße Mann hat uns geimpft mit Civilis-Civilis-Civilisation!

4
Einmal arme Nigger
Civilis hat satt
Kommen in Millionen
In eur weiße Stadt
Packen Fedderhalt
Geschiß und Glock und Räusch
Eure schlechte Weiber
Eure gutte Fleisch!
Und ain feine dicke Nigger sauft express
Schnaps von Händler, Blutt von Missionar.
Weiße Mann kann kack auf Nigger, yes!
Nigger aber kann es, kann es fress
Ratzegar.
Und seit disse Tack hat es geschneit auf schwarze Haut.
Haut ist nicht geworden niemals weiß davon.
Schwarze Haut macht bumbum, schwarze Haut macht laut
Habe auf main Trommel schwarze Niggerhaut
Haut is überrblibben, Nigger is verdaut!
Weiße Mann hat uns geimpft mit Civilis-Civilis-Civilisation! *(13,181-183)*

Er kennt mehr Genüsse als irgendein Mann, den ich getroffen habe. Er denkt aus Sinnlichkeit. Zu einem alten Wein oder einem neuen Gedanken könnte er nicht nein sagen. *(5,269)*

Was immer Aristoteles sagt und die Philosophie überhaupt: Nichts geht über den Tabak. Er ist die Leidenschaft der Großen dieser Welt. Ah, sie wählen ihre Leidenschaften mit Bedacht! Wer heutzutage ohne Tabak lebt, lebt überhaupt nicht. Nicht allein, daß er das Gehirn reinigt und ergötzt. Er verschafft vor allem jene himmlische Ruhe, ohne die ein Mann von Welt kein Mann von Welt sein kann. Nur der Tabak ist es, der die großen dieser Welt instand setzt, die Leiden zu vergessen, besonders die der anderen. *(9,201)*

ÜBER DIE ANSTRENGUNG

1

Man raucht. Man befleckt sich. Man trinkt sich
hinüber.
Man schläft. Man grinst in ein nacktes Gesicht.
Der Zahn der Zeit nagt zu langsam, mein Lieber!
Man raucht. Man geht k... Man macht ein Gedicht.

2

Unkeuschheit und Armut sind unsere Gelübde
Unkeuschheit hat oft unsere Unschuld versüßt.
Was einer in Gottes Sonne verübte
Das ist's, was in Gottes Erde er büßt.

3

Der Geist hat verhurt die Fleischeswonne
Seit er die haarigen Hände entklaut
Es durchdringen die Sensationen der Sonne
Nicht mehr die pergamentene Haut.

4

Ihr grünen Eilande der tropischen Zonen
Wie seht ihr aus morgens und abgeschminkt!
Die weiße Hölle der Visionen
Ist ein Bretterverschlag, worin Regen eindringt.

5

Wie sollen wir uns, die Bräute, betören?
Mit Zobelfleischen? ah, besser mit Gin!
Einem Lilagemisch von scharfen Likören
Mit bittren ersoffenen Fliegen darin.

6

Man säuft sich hinauf bis zum Riechgewässer.
Die Schnäpse verteilt man mit schwarzem Kaffee.
Dies alles verfängt nicht, Maria, 's ist besser
Wir gerben die köstlichen Häute mit Schnee!

7

Mit zynischer Armut leichter Gedichte
Einer Bitternis mit Orangegeschmack
In Eis gekühlt! malaiisch gepichte
Haare im Auge! oh, Opiumtabak

8
In windtollen Hütten aus Nankingpapier
O du Bitternisfrohsinn der Welt
Wenn der Mond, dieses sanfte, weiße Getier
Aus den kälteren Himmeln fällt!

9
O himmlische Frucht der befleckten Empfängnis!
Was sahest du, Bruder, Vollkommnes allhier?
Man feiert mit Kirsch sich sein Leichenbegängnis
Und kleinen Laternen aus leichtem Papier.

10
Frühmorgens erwacht, auf haarigen Zähnen
Ein Grinsen sich findt zwischen faulem Tabak.
Auch finden wir oft auf der Zunge beim Gähnen
Einen bitterlichen Orangegeschmack.

(11,70 f.)

Jede Regierung erklärt, wenn sie in einen Krieg zieht, wie ein Säufer, wenn er einen Schnaps hebt, es sei unwiderruflich der letzte. *(18,287)*

Es ist nämlich eine Eigentümlichkeit der theatralischen Mittel, daß sie Erkenntnisse und Impulse in Form von Genüssen vermitteln; die Tiefe der Erkenntnis und des Impulses entspricht der Tiefe des Genusses. *(24,380)*

SENTIMENTALISCHE ERINNERUNGEN VOR EINER INSCHRIFT

1

Zwischen gelbem Papier, das mir einst was gewesen
Man trinkt und man liest es – betrunken ist's besser
Eine Fotografie. Und darauf steht zu lesen:
REIN. SACHLICH. BÖSE. Das Aug wird mir nässer.

2

Sie wusch sich immer mit Mandelseife
Und von ihr war auch das Frottierhandtuch
Das Tokaierrezept und die Javapfeife
Gegen den Liebesgeruch.

3

Ihr war es ernst. Sie schwamm nicht. Sie dachte.
Sie verlangte Opfer für die Kunst.
Sie liebte die Liebe, nicht den Geliebten, ihr machte
Keiner einen rosa Dunst.

4

Sie lachte, sie duldete keinen Dulder
Sie hatte keine Wanzen im Hirn
Sie hatte den Griff und die kalte Schulter
Mir steht beim Drandenken der Schweiß auf der Stirn.

5

So war sie. Bei Gott, ich wollte, man läse
Auf meinem Grabstein dereinst: hier ruht
B. B. REIN. SACHLICH. BÖSE.
Man schläft darunter bestimmt sehr gut. *(13,265f.)*

Der Genuß am Denken ist, wie gesagt, weitgehend ruiniert. Die Genüsse sinds überhaupt. Erstens sind sie teuer. Sie zahlen für einen Blick auf die Landschaft, eine schöne Aussicht ist eine Goldgrube. Sie zahlen sogar fürs Scheißen, indem Sie einen Abort mieten müssen. [...]Aber das Entscheidende ist: das Genußleben ist vollständig getrennt vom übrigen Leben. Es ist nur zur Erholung, damit Sie wieder tun können, was kein Genuß ist. Sie kriegen überhaupt nur das bezahlt, was Ihnen keinen Genuß bereitet. Eine Prostituierte hat sich einmal mir gegenüber beschwert, daß ihr ein Freier nichts hat zahlen wollen, weil sie einmal unbedacht wollüstig geseufzt hat. *(18,284)*

AN R.

Geh ich zeitig in die Leere
Komm ich aus der Leere voll.
Wenn ich mit dem Nichts verkehre
Weiß ich wieder, was ich soll.

Wenn ich liebe, wenn ich fühle
Ist es eben auch Verschleiß
Aber dann, in der Kühle
Werd ich wieder heiß. *(15,223)*

Die *Sauna* des Gutes ist ein kleines viereckiges Holzhaus am Fluß. Durch das Auskleidezimmerchen kommt man in den kleinen, dunklen Baderaum, der von einem riesigen Steinofen beherrscht wird. Man nimmt den Holzdeckel ab und gießt aus einem danebenstehenden großen Eisentopf heißes Wasser über faustgroße runde Steine, die direkt über dem Feuer gehäuft sind. Dann klettert man ein paar Stufen hoch auf eine Holzestrade, wo man sich niederlegt. Wenn der Schweiß ausbricht, peitscht man die offenen Poren mit Birkenwedeln, und dann geht man auf den Steg hinaus und steigt in den Fluß. Klettert man wieder hoch – das kühle Wasser erscheint einem nicht kalt –, läßt man Birkenblätter zurück. Auch nachts, im Bett, findet man einige. »Man schläft mit der Birke«, sagt Hella Wuolijoki.

Die finnischen Soldaten bauten Saunas selbst in der vordersten Stellung. *(26,413)*

Das Ganze ähnelt der Beschreibung einer Speise, bei der nichts über den Geschmack vorkommt. Wir müßten zunächst Ausstellungen und Kurse für Geschmacksbildung veranstalten, d. h. für Lebensgenuß. *(27,313 f.)*

THE LADIES

Ich hatte meine Zeit und ich nützte sie
Meinen Spaß nahm ich, wo ich ihn sah
Ich hatte meine Portion Mädchen
Und vier davon warn eins a!
Eine war eine halfcast Witwe
Eine ein Weib aus Yime
Eine das Weib eines Pferdeknechts
Und eine ein Mädchen daheim.

Und jetzt bin ich nicht für und nicht gegen!
Man weiß nie, was aus so was wird!
(Vor Sie's nicht probiert haben, können Sie nichts sagen
Und dann haben Sie sich noch meistens geirrt.)
Es gibt Zeiten, wo Sie denken, Sie mögen nicht
Es gibt Zeiten, wo Sie wissen, Sie mögen!
Doch was Sie lernen bei Braunen und Gelben
Das kommt Ihnen bei den Weißen gelegen.

Ich war ein junger Hund in Hoogli
Fast zu schüchtern für das Spiel
Doch Aggie de Castrer, die machte mich
Und Aggie war tüchtig für viel!
Älter als ich! Meine Erste!
Mehr wie 'ne Mutter zu mir
Sie zeigte mir prompt, wie man vorwärts kommt
Und ich lernte was von Frauen bei ihr.

Dann wurde ich versetzt nach Burma
Wo ich den Einkauf im Basár versah
Und ich bekam ’ne leibhaftig hübsche Heidin
Durch Geschäfte mit dem Papa!
Komisch und gelb und ergeben.
Sie roch wie nach Tee, und wir
Lebten wie ein Paar in Burmas Basár
Und ich lernte was von Frauen bei ihr.

Dann schiffte ich mich ein nach Neemuch (sonst hätt
ich sie heute noch)
Und ich hing mich an ’nen weiblichen Teufel
Der nach Teer und Sünde roch
Das Weib eines Niggers in Bombay
Ein ganz vulkanisches Vieh
Sie bedrohte mich nachts mit dem Messer
Weil ich angab, weiß wäre besser
Und ich lernte was von Frauen durch sie.

Dann kam ich heim mit dem Truppenteil
Über den Weg lief mir eine da –
Die war sechzehn und im Stiftshaus zu Meerut
Das Geradeste, was ich je sah.
Es hatte sie gepackt auf den ersten Blick
Ich wußte nicht was und nicht wie
Doch ich tat ihr kein Arg, denn ich liebt sie zu stark
Doch – ich lernte was über Frauen durch sie.

Ich nahm meinen Spaß, wo ich ihn kriegte
Da wirst du mit den Jahren gemeiner
Und je mehr du kennst von den andern
Desto weniger bleibst du bei einer.
Und das Ende ist – sitzen und denken
Mit höllischem Feuer in dir.
Tu's nicht, rat ich dir noch (aber ich weiß, du tust's
doch)
Oh, lernt was über Frauen von mir!

Was hielt des Obersten Frau davon?
Schaut: das erfährt keiner von Euch.
Einer, der frug des Sergeanten Weib
Die sagte die Wahrheit gleich.
Oh, wenn ein Mann mit im Spiel ist, sind
Sie wie Stecknadeln gleich, denn schaut:
Des Obersten Lady und Judy O'Grady
Sind Schwestern (unter der Haut).

Und jetzt bin ich nicht für und nicht gegen!
Man weiß nie, was aus so was wird!
(Vor Sie's nicht probiert haben, können Sie nichts sagen
Und dann haben Sie sich noch meistens geirrt.)
Es gibt Zeiten, wo Sie denken, Sie mögen nicht
Es gibt Zeiten, wo Sie wissen, Sie mögen!
Doch was Sie lernen bei Braunen und Gelben
Das kommt Ihnen bei den Weißen gelegen.

(13,360-362)

LIEBE ZUR KLARHEIT

Meine Liebe zur Klarheit kommt von meiner so unklaren Denkart. Ich wurde ein wenig doktrinär, weil ich dringend Belehrung brauchte. Meine Gedanken verwirren sich leicht, das auszusprechen beunruhigt mich gar nicht. Die Verwirrung beunruhigt mich. Wenn ich etwas gefunden habe, widerspreche ich sogleich heftig und stelle unter Kummer gleich wieder alles in Frage, dabei freute ich mich eben vorher noch kindisch, daß wenigstens etwas mir einigermaßen gesichert schien, wie ich mir sagte, für bescheidene Ansprüche. Solche Sätze wie der, daß der Beweis für den Pudding im Essen liege, oder der, daß das Leben die Daseinsweise des Eiweißes sei, beruhigen mich ungemein, bis ich von neuem in Ungelegenheiten gerate. Auch Szenen, die zwischen Menschen vorfallen, schreibe ich eigentlich nur auf, weil ich mir sie sonst nur so sehr undeutlich vorstellen kann. *(27,353)*

Schnaps her! Der Mensch muß
Schnaps trinken, nicht nur eine Flasche
Sondern einen Eimer. *(10,153)*

Schnaps her! Der Mensch muß
Schnaps trinken, das macht ihn freundlicher. *(10,154)*

Aber, schau, du hast
Jetzt den Schnaps in dir und das macht dich blind
Und du denkst: Besser lebt man in Sonne und Wind
Ohne den Schnaps. Doch gesetzt, du hast
Ihn nicht in dir, der jetzt durch dich rinnt
Dann denkst du an nichts als an Schnaps und nicht
An den Wind und auch an das Sonnenlicht nicht
Und spürst von dem Leben nur gerade die Last.
Ist dir das nicht klar? *(10,181)*

Ich habe gehört, es ist hier eine Landessitte, daß die besseren Dichter am Hunger sterben. Sie wird aber lükkenhaft durchgeführt, indem einige auch durch Alkohol umgekommen sein sollen. *(18,218)*

Jedenfalls stimmen wir ein darüber, daß Genußsucht eine der größten Tugenden ist. Wo sie es schwer hat oder gar verlästert wird, ist etwas faul. *(18,284)*

1
WENN SIE TRINKT, fällt sie in jedes Bett
Wenn sie nicht trinkt, läßt sie keinen ran
Denn sie sagt: sie braucht nur einen Mann
Und der Mann bin ich. Das ist sehr nett
Schade, daß sie da nichts machen kann:
Wenn sie trinkt, fällt sie in jedes Bett.

2
Es ist wirklich mit ihr ein Gefrett.
Denn man weiß es in der ganzen Stadt.
Dabei hat der, der sie einmal hat
Lang bei ihr noch keinen Stein im Brett
Ganz im Gegenteil: sie ist ihn satt
Wenn sie trinkt, fällt sie in jedes Bett.

3
Schließlich, sagt sie, bin ich auch kein Brett.
Gott sei Dank ist sie soweit gesund...
Nur das eine wird mir bald zu bunt:
Sieht sie einen, den sie gerne hätt
Fängt sie leider an zu trinken und
Wenn sie trinkt, fällt sie in jedes Bett. *(14,351f.)*

FRÖHLICH VOM FLEISCH ZU ESSEN, das saftige
Lendenstück
Und mit dem Roggenbrot, dem ausgebackenen,
duftenden
Den Käse vom großen Laib und aus dem Krug
Das kalte Bier zu trinken, das wird
Niedrig gescholten, aber ich meine, in die Grube
gelegt werden
Ohne einen Mundvoll guten Fleisches genossen zu
haben
Ist unmenschlich, und das sage ich, der ich
Ein schlechter Esser bin. *(15,285)*

Walter läuft in den Kraal:

Der Indizienbeweis schließt sich. Unten im Schrank die Schnapsflasche hat die Schwindsucht. Hier oben, im Schrank, steht jahraus, jahrein eine Tasse, und was ist darinnen? Schnaps!

Es ist eine Verleumdung. Du bist der Schnapssäufer. Du riechst aus dem Maul, ich rieche aus dem Schrank. Du bringst einen Unschuldigen ins Gerede. Schurkerei! Infamie!

Was, es soll der alte Schnaps sein?

Ja, ich hebe ihn nicht wie du unvollständig im Magen auf, sondern vollständig – in der Tasche!

Wo du sowenig kriegst?!

Meine Enthaltsamkeit soll mir also das Genick brechen?! Eine Überführung ins Krematorium ist ein Dreck dagegen! *(26,243)*

Du hast einen Cocktail vor dir, den du selber gemacht hast. Eine starke schwarze Zigarre. Einen Stuhl für dein Hinterteil, einen Stuhl für die Füße und einen Ausblick, wie er für dich geeignet ist, und du bist nicht zufrieden, Bidi. *(26,281)*

DER VIRGINIENRAUCHER

Mir sagte der Arzt: Rauchen Sie ruhig Ihre Virginien!
Um die Ecke muß schließlich mit oder ohne ein jeder.
In der Schleimhaut meiner Pupille zum Beispiel sind
gelbliche Linien
Daran sterbe ich früher oder später.

Natürlich braucht einer deswegen nicht zu verzagen
So einer kann noch lange leben.
Er kann sich den Leib voll mit Hühnern und
Brombeeren schlagen
Einmal natürlich reißt es ihn eben.

Dagegen aber richtet keiner was aus weder mit
Schnaps noch mit Schlichen
So ein Krebs wächst heimlich, ohne daß man ihn
spürt.
Und womöglich bist du schon ausgestrichen
Und hast eben noch deine Braut zum Altare geführt.

Mein Onkel zum Beispiel trug noch gebügelte Hosen
Als er schon lange gezeichnet war.
Er sah aus wie's Leben, aber es waren nur
Kirchhofsrosen
Und an ihm war kein gesundes Haar.

Da gibt es Leute, die haben es in der Familie
Aber sie gestehen es sich nicht ein.
Sie verwechseln nicht Ananas mit Petersilie
Aber ihr Krebs kann ein Leistenbruch sein.

Mein Großvater wiederum wußte genau, was ihm
blühte
Und lebte vorsichtig peinlich nach dem Rezept.
Und brachte es so auf fünfzig Jahre, dann war er es
müde
Aber so hätte freilich kein Hund einen Tag gelebt.

Unsereins weiß: es ist keiner zu beneiden.
Jeder hat sein Kreuz, wie er immer war.
Ich selber habe ein Nierenleiden
Ich darf nichts trinken seit Tag und Jahr. *(13,138 f.)*

Essen, Trinken, Wohnen, Schlafen, Lieben, Arbeiten, Denken, die großen Genüsse. *(27,159)*

LIEBESLIED

Man muß schon Schnaps getrunken haben
Eh man vor Deinem Leibe stand
Sonst schwankt man ob der trunknen Gaben
Von schwachen Knien übermannt.

O Du, wenn im Gesträuche kreisend
Der Wind die Röcke flattern läßt
Und man, das weiche Tuch zerreißend
Die Kniee zwischen Deine preßt.

Den Abendhimmel macht das Saufen
Sehr dunkel, manchmal violett.
Dazu Dein Leib im Hemd zum Raufen
In einem breiten weißen Bett.

Die Wiese schwankt nicht nur vom Trinken
Wenn man in Deinen Knieen liegt.
Der dunkle Himmel will versinken
Indem er sanft sich schneller wiegt.

Und Deine weichen Kniee schaukeln
Mein wildes Herz in Deine Ruh
Und zwischen Erd und Himmel schaukeln
Wir leichtgeschwellt der Hölle zu. *(13,123 f.)*

SONETT NR. 12. VOM LIEBHABER

Gestehn wir's: leider sind wir schwach im Fleische
Ich, seit ich meines Freundes Frau geschwächt
Meid ich mein Zimmer jetzt und schlafe schlecht
Und merke nachts: ich horche auf Geräusche!

Dies kommt daher, weil dieser beiden Zimmer
An meines stößt. Das ist es, was mich schlaucht
Daß ich stets höre, wenn er sie gebraucht
Und hör ich nichts, so denk ich: desto schlimmer!

Schon abends, wenn wir drei beim Weine sitzen
Und ich bemerke, daß mein Freund nicht raucht
Und ihm, wenn er sie sieht, die Augen schwitzen

Muß ich ihr Glas zum Überlaufen bringen
Und sie, wenn sie nicht will, zum Trinken zwingen
Damit sie nachts dann nichts zu merken braucht.

(11,127)

Gott hat dem Menschen gewisse Triebe eingegeben, die Dummen kämpfen dagegen. Aber die Klugen fügen sich dem, was Gott will. *(10,78)*

Das Kino ist was für die armen Teufel, die ihren Hunger nach Handlung und Romantik stillen wollen, rasch im Vorbeigehn, drei Selbstmorde für achtzig Pfennige, eingewickelt in Lehren, wie man sich im Salon benimmt, dazu Harmonium und schöne Landschaften, das Kino, das ist eine Speiseanstalt, ein Automat, ein Asyl für geistig Obdachlose – aber das Theater ist für die feineren Genießer. *(21,56)*

DIE OPIUMRAUCHERIN

Von einer, die vom schwarzen Rauche raucht
Weiß man: sie ist jetzt auf das Nichts vereidigt.
Sie wird nun nicht erhöht mehr noch beleidigt
Und: daß sie nur den dritten Teil vom Leben braucht.

Sie braucht jetzt keinen Mut mehr: sie wird häßlich
(Sie ist nicht mehr verwandt mit ihrem Haar)
Würd sie sich sehn nach einem Vierteljahr
Sie kennte sich nicht: sie ist sehr vergeßlich.

Seit ihr im Rauch des Bluts Verdikte schwanden
Schläft sie allein: sie ist der Erde billig.
Sie fährt auf ihres Lebens dünnster Woge!
Nur andere wissen, daß sie noch vorhanden
(Sie ist zu allem Unbemerkten willig)
Die jedem hilft, hilft ihr: die gute Droge. *(13,302)*

Ach, es ist nicht nützlich, zu arbeiten, man wird krumm und vorsichtig und stirbt früher als die Faulen, die Tabak rauchen und auf Federn schlafen, es ist nicht besonders klug, zu arbeiten, denn es ist klug, zu trinken, zu rauchen und auf Federn zu schlafen, denn man stirbt bald. *(10,231)*

KLEINES LIED

1
Es war einmal ein Mann
Der fing das Trinken an
Mit achtzehn Jahren und –
Daran ging er zugrund.
Er starb mit achtzig Jahr
Woran, ist sonnenklar.

2
Es war einmal ein Kind
Das starb viel zu geschwind
Mit einem Jahre und –
Daran ging es zugrund.
Nie trank es: das ist klar
Und starb mit einem Jahr.

3
Daraus erkennt ihr wohl
Wie harmlos Alkohol ... *(11,9f.)*

Ich muß nämlich trinken, viel trinken. Das macht stark. Man geht auch dann noch über Messer in die Hölle, zugegeben. Aber doch eben anders. So, wie wenn einem die Kniee einsänken, wißt ihr: nachgiebig, so, daß man's gar nicht spürt, die Messer. Mit fe-dern-den Kniekehlen. *(1,75)*

Ich habe dir gesagt, daß nicht das das Schlimmste für den Gewohnheitssäufer ist, daß er das Gehen verlernt oder das Geschäftemachen oder das Gutsein, sondern das: daß er das Saufen verlernt. *(21,92)*

PUNTILA Da sieht man, wie das Aussehen täuschen kann. Ich bin ganz anders. Matti, ich bin ein kranker Mann.

MATTI Ein sehr kranker.

PUNTILA Das freut mich. Das sieht nicht jeder. Wenn du mich so siehst, könntest du's nicht ahnen. *Düster, Matti scharf anblickend.* Ich hab Anfälle.

MATTI Das sagen Sie nicht.

PUNTILA Du, das ist nichts zum Lachen. Es kommt über mich mindestens einmal im Quartal. Ich wach auf und bin plötzlich sternhagelnüchtern. Was sagst du dazu?

MATTI Bekommen Sie diese Anfälle von Nüchternheit regelmäßig?

PUNTILA Regelmäßig. Es ist so: die ganze andere Zeit bin ich vollkommen normal, so wie du mich jetzt siehst. Ich bin im vollen Besitz meiner Geisteskräfte, ich bin Herr meiner Sinne. Dann kommt der Anfall. Es beginnt damit, daß mit meinen Augen irgend etwas nicht mehr stimmt. Anstatt zwei Gabeln *er hebt eine Gabel hoch* sehe ich nur noch eine.

MATTI *entsetzt:* Da sind Sie also halbblind?

PUNTILA Ich seh nur die Hälfte von der ganzen Welt. Aber es kommt noch böser, indem ich während dieser Anfälle von totaler, sinnloser Nüchternheit einfach zum Tier herabsinke. Ich habe dann überhaupt keine Hemmungen mehr. Was ich in diesem Zustand tue, Bruder, das kann man mir überhaupt nicht anrechnen. Nicht, wenn man ein Herz im Leibe hat und sich immer sagt, daß ich krank bin. *Mit Entsetzen in der Stimme.* Ich bin dann direkt zurechnungsfähig. Weißt du, was das bedeutet, Bruder, zurechnungsfähig? Ein zurechnungsfähiger Mensch ist ein Mensch, dem man alles zutrauen kann. Er ist zum Beispiel nicht mehr imstande, das Wohl seines Kindes im Auge zu behalten, er hat keinen Sinn für Freundschaft mehr, er ist bereit, über seine eigene Leiche zu gehen. Das ist, weil er eben zurechnungsfähig ist, wie es die Advokaten nennen.

MATTI Tun Sie denn nichts gegen diese Anfälle?

PUNTILA Bruder, ich tue dagegen, was ich überhaupt nur kann. Was überhaupt nur menschenmöglich ist! *Er ergreift sein Glas.* Hier, das ist meine einzige Medizin. Ich schlucke sie hinunter, ohne mit der Wimper zu zucken, und nicht nur kinderlöffelweise, das kannst du mir glauben. Wenn ich etwas von mir sagen kann, so ist es, daß ich gegen diese Anfälle von sinnloser Nüchternheit ankämpfe wie ein Mann. Aber was hilft es? Sie überwinden mich immer wieder.

(6,289f.)

BLASPHEMIE

Wenn es etwas gibt
Was du haben kannst für Geld
Dann nimm dir das Geld
Wenn einer vorübergeht und hat Geld
Schlage ihn auf den Kopf
Und nimm dir sein Geld:
Du darfst es.

Willst du wohnen in einem Haus?
Gehe in ein Haus
Lege dich in ein Bett
Wenn die Frau herein kommt
Beherberge sie.
Wenn das Dach durchbricht, gehe weg.
Du darfst es.

Wenn es einen Gedanken gibt
Den du nicht kennst
Denke den Gedanken.
Kostet er dich Geld
Verlangt er dein Haus:
Denke ihn, denke ihn.
Du darfst es.

Im Interesse der Ordnung
Zum Besten des Staates

Für die Zukunft der Menschheit
Zu deinem eigenen Wohlbefinden
Darfst du. *(11,172)*

Wir Deutschen bilden uns auf unsern Ernst viel ein, wir haben die Auffassung, daß das Gegenteil von Ernst Leichtfertigkeit ist und daß Leichtfertigkeit verdammt werden muß. Andere Völker haben andere Auffassungen.

Wir finden, daß der Humor eine schlechte und bequeme Methode ist, den Dingen beizukommen. Wir setzen voraus, daß die Dinge allemal zu Sorgen Anlaß geben, daß unsere Auffassung von ihnen richtig ist, und wir hoffen, man nimmt uns ernster, wenn wir selbst ernst sind. Wir haben ein tiefes Mißtrauen gegen alles, was leicht geht, wir vermuten sofort, daß der Leicht-Fertige den Nachdruck auf das »Leicht« setzt und daß nicht etwa der Mann besser ist, sondern seine Arbeit schlechter. [...]

Und das kommt, weil wir beschlossen haben, daß der Humor in die Hölle gehört, während wir doch nicht daran zweifeln dürfen, daß er den Himmel regiert.

(21,53f.)

Es ist ein Vergnügen des Menschen, sich zu verändern. Durch die Kunst wie durch das sonstige Leben und durch die Kunst für dieses. So muß er sich und die Gesellschaft als veränderlich spüren und sehen können, und so muß er, in der Kunst auf vergnügliche Weise, die abenteuerlichen Gesetze, nach denen sich die Veränderungen vollziehen, intus bekommen. *(23,297)*

1
IN DER KUNST genießen die Menschen das Leben.

2
Genuß bietet die Kunstfertigkeit der Abbildungen.

3
Genuß bietet eine Sinngebung der Erscheinungen.

4
Genuß bietet eine Rechtfertigung des Standpunkts.

5
Genuß bietet eine Stärkung des Lebenswillens.

6
Was immer die Künstler vorhaben, diese fünf

7
Es gibt große Kunst und kleine Kunst, nützliche und schädliche Kunst, niedrige und hohe Kunst – aber nicht schöne und häßliche Kunst.

(23,385 f.)

THEATER DER GEMÜTSBEWEGUNGEN

Unter uns, es erscheint mir ein verächtliches Gewerbe
Durch Theaterspielen lediglich
Die trägen Gemüter zu bewegen. Wie Masseure
Kommt ihr mir da vor, die in die allzu fetten
Weichen wie in Teig greifen, so den Faulen
Den Schmer abknetend. Flüchtig zusammengestellte
Situationen sollen den Zahlenden zu Zorn angeilen
Oder zu Schmerz. Der Zuschauer
Wird so zum Voyeur. Der Übersättigte
Sitzt neben dem Hungrigen.

Die Gefühle, die erzeugt werden, sind dumpf und
    unrein
Allgemein und verschwimmend, nicht weniger falsch
Als Gedanken sein können. Stumpfe Schläge auf das
    Rückgrat
Und der Unrat der Seele steigt an die Oberfläche.
Mit glasigen Augen
Schweißiger Stirn und gespannter Wade
Folgen die vergifteten Zuschauer
Euren Exhibitionen.

Kein Wunder, daß sie die Billette
Paarweise kaufen. Und kein Wunder
Daß sie gern im Dunkeln sitzen, das sie verbirgt.

(14,386)

ÜBER KOMPROMISSE ODER WEIN UND WASSER AUS ZWEI GLÄSERN TRINKEN

Mi-en-leh lehrte über Kompromisse: Kompromisse sind oft nötig. Viele Leute verstehen darunter Wasser in seinen Wein schütten. Gemeint ist, unverdünnt sei Wein unbekömmlich. Oder, der vorhandene Wein reiche für den Durst nicht aus. Ich habe eine andere Ansicht von Kompromissen. Ich trinke dann Wein und Wasser aus zwei Gläsern. Denn es ist zu schwer, dann wieder das Wasser aus dem Wein zu schütten. *(18,85)*

Erstens vergeßt nicht, kommt das Fressen
Zweitens kommt der Liebesakt
Drittens das Boxen nicht vergessen
Viertens Saufen, das steht im Kontrakt.
Vor allem aber achtet scharf
Daß man hier alles dürfen darf. *(2,362)*

Der Schnaps in die Toiletten geflossen
Die rosa Jalousien herab
Der Tabak geraucht, das Leben genossen
Wir segeln nach Alaska ab. *(2,370)*

SONG VON WITWE BEGBICKS TRINKSALON

In Witwe Begbicks Trinksalon
Kannst du rauchen, schlafen, trinken zwanzig Jahr.
Du kannst's in diesem Alewaggon
Von Singapore bis Cooch-Behar
Von Delhi bis Kamatkura
Und wenn man einen lang nicht sah
Der saß in Witwe Begbicks Tank.
Mit Toddy, Gum und hai, hai, hai
Am Himmel vorbei, an der Höll entlang.
Mach das Maul zu, Tomy, halt den Hut fest, Tomy
Auf der Fahrt vom Sodabergchen bis zum Whiskyhang.

In Witwe Begbicks Trinksalon
Bekommst du, was du verlangst.
Er fuhr durch dieses Indien schon
Als statt Whisky du der Mutter Milch noch trankst.
Von Delhi bis Kamatkura
Und wenn man einen lang nicht sah
Der saß in Witwe Begbicks Tank.
Mit Toddy, Gum und hai, hai, hai
Am Himmel vorbei, an der Höll entlang.
Mach das Maul zu, Tomy, halt den Hut fest, Tomy
Auf der Fahrt vom Sodabergchen bis zum Whiskyhang.

Und brüllt die Schlacht im Pandschabvale
Fahrn wir in Witwe Begbicks Tank

Mit Rauchen und mit schwarzem Ale
Erst mal die Niggerfront entlang.
Von Delhi bis Kamatkura
Und wenn man einen lang nicht sah
Der saß in Witwe Begbicks Tank.
Mit Toddy, Gum und hai, hai, hai
Am Himmel vorbei, an der Höll entlang.
Mach das Maul zu, Tomy, halt den Hut fest, Tomy
Auf der Fahrt vom Sodabergchen bis zum Whiskyhang.

(13,329 f.)

Kurz: ich bin gegen alle Bemühungen, den Sport zu einem Kulturgut zu machen, schon darum, weil ich weiß, was diese Gesellschaft mit Kulturgütern alles treibt, und der Sport dazu wirklich zu schade ist. Ich bin für den Sport, weil und solange er riskant (ungesund), unkultiviert (also nicht gesellschaftsfähig) und Selbstzweck ist. *(21,224)*

1
O DIE UNERHÖRTEN MÖGLICHKEITEN
Wenn man Frauen um die Hüften nimmt
Zwischen Schenkeln sanft im Abwärtsgleiten
Durch das grüne Meer der Wollust schwimmt.

2
Oder Schnaps trinkst in den Schmutzspelunken
Und die Reden in den Himmel knallst
Alle, alle liebst ganz rasend, trunken!
Und mit Singen auf den Boden fallst.

3
O ich sage nicht, daß nur in Schenken
Höchste Seligkeit mich ganz durchriß
Einst war Sitzen schön in Kirchenbänken
Wo der Segen mich zum Himmel schmiß!

4
Auch auf wilden Abendkarussellen
Wo man billig rasend schaukeln darf
War ich selig, wenn ich mich in hellen
Billig strahlend hellen Himmel warf!

5
Auch im Gras, ganz faul, und schwer wie Eisen
Wo man gar nichts weiter denken muß
Als: warum die Gräser nackte Leiber beißen
Macht das Leben ganz im Ernst Genuß!

6
Auch in Betten in ein Weib verknächelt
Zwischen schlanke Beine hingestreckt
Wie er atmet, Freunde! Wie er lächelt
Wenn er sich, um groß zu werden, reckt!

7
Aber welch orangene Seligkeiten
Hat der bloße Himmel, wenn man nackt
Im Geäst der hohen Bäume reiten
Kann, daß man den Wind wie Weiber packt.

8
Oder wenn dich tolle Strudel reißen
Wenn du sinnlos auf dem Rücken liegst
Daß du meinst, daß du im Himmel fliegst
Blau und weit, wo um dich Wolken kreisen
Wenn du dich, die sanfte Taube, wiegst.

9
Seht, wir wissen, Freunde, daß das alles
Nackter Schwindel ist und untergeht
Doch auch dieses: daß man besten Falles
Eines Morgens nimmer oben steht ...

10
Was man haben *kann* an blauem Himmel
Wind und Mensch, reicht nicht einmal zur Not –
Und auch dieses kriegen nur die Lümmel
Und es reicht nicht und wird schnell zu Kot.

11
Doch wer dich nicht griff mit Fluchen und Morden
Hat in reinen Händen nichts, sagt Baal –

Denn ihr sterbt, bevor es schal geworden
Und ihr sterbt *vor* eurer letzten Qual. *(13,124-126)*

RAUSCHWIRKUNG

Irrtum, daß die »Langeweile« der Dörfer und kleinen Städte die Menschen in den Film jagt; sie brauchen ihn mehr in den großen und am meisten in den größten Städten. Der Hunger nach Erlebnisersatz ist am größten, wo die Kluft zwischen Arbeit und Erholung am tiefsten ist, der Widerspruch zwischen Anpeitschung und Abbremsung des Leistungszwangs sich verschärft. Man erträgt nicht die Atomisierung des Lebens und verlangt nach zusammenfassenden Handlungen; Handlungen anderer Menschen sind es, die unsere Ohnmacht bewirken, unsere Gegenwehr besteht darin, uns in diese Handlungen einzufühlen. *(22,173)*

Die Betrachtung der Kunst kann nur dann zu wirklichem Genuß führen, wenn es eine Kunst der Betrachtung gibt. *(22,570)*

DER SIEBENTE PSALM

1
Ich weiß es, Geliebte: jetzt fallen mir die Haare aus vom wüsten Leben und ich muß auf den Steinen liegen. Ihr seht mich trinken den billigsten Schnaps und ich gehe bloß im Wind.

2
Aber es gab eine Zeit, Geliebte, wo ich rein war.

3
Ich hatte eine Frau, die war stärker als ich, wie das Gras stärker ist als der Stier: Es richtet sich wieder auf.

4
Sie sah, daß ich böse war, und liebte mich.

5
Sie fragte nicht, wohin der Weg ging, der ihr Weg war, und vielleicht ging er hinunter. Als sie mir ihren Leib gab, sagte sie: Das ist alles. Und es wurde mein Leib.

6
Jetzt ist sie nirgends mehr, sie verschwand wie die Wolke, wenn es geregnet hat, ich ließ sie und sie fiel abwärts, denn dies war ihr Weg.

7
Aber nachts, zuweilen, wenn ihr mich trinken seht, sehe ich ihr Gesicht, bleich im Wind, stark und mir zugewandt, und ich verbeuge mich in den Wind.

(11,20 f.)

VOM SCHIFFSCHAUKELN. 4. PSALM

Man muß die Knie vorwerfen wie eine königliche Dirne, als ob man an Knien hinge. Die sehr groß sind. Und purpurne Todesstürze in den nackten Himmel und man fliegt nach oben, bald mit dem Steiß, bald mit dem vorderen Gesicht. Wir sind völlig nackt, der Wind tastet durch die Gewänder. So wurden wir geboren.

Nie hört die Musik auf. Engel blasen in einem kleinen Panreigen, daß er fast platzt. Man fliegt in den Himmel, man fliegt über die Erde, Schwester Luft, Schwester, Bruder Wind! Die Zeit vergeht und nie Musik.

Nachts um 11 Uhr werden die Schaukeln geschlossen, damit der liebe Gott weiterschaukeln kann.

(11,18)

PSALM IM FRÜHJAHR

Jetzt liege ich auf der Lauer nach dem Sommer, Jungens. Wir haben Rum eingekauft und auf die Gitarre neue Därme aufgezogen. Weiße Hemden müssen noch verdient werden.

Unsere Glieder wachsen wie das Gras im Juni und Mitte August verschwinden die Jungfrauen. Die Wonne nimmt um diese Zeit überhand.

Der Himmel füllt sich Tag für Tag mit sanftem Glanz und seine Nächte rauben einem den Schlaf.

(11,34 f.)

Was, zum Teufel, habt ihr gegen den Rausch? Und wenn ihr was gegen ihn habt, was habt ihr für die Kunst? Selbst der schäbigste und beschädigteste Spießer wird zu einer Art Künstler, wenn er getrunken hat. Seine Phantasie erwacht. Die Wände seines Zimmers oder seiner Schnapsbutike fallen, besonders die vierte, von der wir hier gesprochen haben. Er bekommt Zuschauer und tritt auf. Der Packträger wirft die Bürden ab, die man ihm aufgeladen hat, und der Kommandierte setzt sich über seinen Vorgesetzten hinweg, denn er ist ein Aufrührer. Die zehn Gebote sieht er mit Humor an, der Ehrbarkeit greift er unter den Rock. Er philosophiert, ja, er weint sogar. Meistens schwillt sein Rechtsgefühl an, er gerät in Zorn über Dinge, die nicht ihn selber betreffen. An den Mechanismen, die wider ihn sind, fallen ihm die Witzigkeiten auf. So stellt er sich über sie, solange ihn seine Beine tragen. Kurz, er wird in allem menschlicher und produziert. *(22,721)*

DIE BALLADE VON DER SEXUELLEN HÖRIGKEIT

1
Da ist nun einer schon der Satan selber
Der Metzger: er und alle andern: Kälber!
Der frechste Hund! der schlimmste Hurentreiber!
Wer kocht ihn ab, der alle abkocht? – Weiber.
Ob er will oder nicht – er ist bereit.
Das ist die sexuelle Hörigkeit.
Er hält sich nicht an die Bibel. Er lacht übers B.G.B.
Er meint, er ist der größte Egoist
Weiß, daß, wer 'n Weib sieht, schon verschoben ist.
Drum duldet er kein Weib in seiner Näh
Er soll den Tag nicht vor dem Abend loben
Denn vor es Nacht wird, liegt er wieder droben.

2
So mancher Mann sah manchen Mann verrecken:
Ein großer Geist blieb in 'ner Hure stecken!
Und die's mit ansahn, was sie sich auch schwuren –

Als sie verreckten, wer begrub sie? – Huren.
Ob sie wolln oder nicht – sie sind bereit.
Das ist die sexuelle Hörigkeit.
Der klammert sich an die Bibel. Der verbessert das
B.G.B.
Ein Mann – ein Christ! Ein Jud – ein Anarchist!
Am Mittag zwingt man sich, daß man nicht Sellerie
frißt
Nachmittags weiht man sich noch 'ner Idee.
Am Abend sagt man: mit mir geht's nach oben
Und vor es Nacht wird, liegt man wieder droben.

3
Da steht nun einer fast schon unterm Galgen
Der Kalk ist schon gekauft, ihn einzukalken
Sein Leben hängt an einem brüchigen Fädchen
Was hat er noch im Kopf, der Bursche? – Mädchen.
Schon unterm Galgen, ist er noch bereit.
Das ist die sexuelle Hörigkeit.
Er ist schon sowieso verkauft mit Haut und Haar
Er hat in ihrer Hand den Judaslohn gesehn
Und sogar er beginnt nun zu verstehn
Daß ihm des Weibes Schoß das Grabloch war.
Und er mag wüten gegen sich und toben –
Bevor es Nacht wird, liegt er wieder droben.

(14,13 f.)

MATROSEN-SONG

Matrosen, die mit Mädchen gehn
Die wollen was Reales sehn
Da sind sie recht befehlrisch;
Ob Nigger- oder Japanfrau
Das nehmen sie nicht so genau
Darin sind sie nicht wählrisch;
Aus jedem Hafenfreudenhaus
Da hängen blaue Hosen raus
Ob Sansibar, ob Kiautschou
Ob Nigger- oder Japanfrau
Darin sind sie nicht wählrisch.
Den blauen Hosen von den Matrosen
Ist alles scheißegal
Blau ist das Leben
Blau sind die Polster im ...
Blau ist das Sterben
Blau ist das Meer und der Suff
Die blauen Hosen von den Matrosen
Sind international

Matrosen, ja, bei Licht besehn
Die müssen in die Binsen gehn
Das Meer ist da befehlrisch
Und ob bei Shanghai im Taifun
Bei Blumenau, ob bei Saigoon
Da sind sie dann nicht wählrisch;

Ob Taifun oder Sifilis
Von weißer oder gelber Miss
Ob Yankee oder Niggergott
Ob Tiefsee oder Whiskypott
Den blauen Hosen von den Matrosen
Ist alles scheißegal
Blau ist das Leben
Blau sind die Polster im ...
Blau ist das Sterben
Blau ist das Meer und der Suff
Die blauen Hosen von den Matrosen
Sind international (14,16 f.)

PLÄRRERLIED

Der Frühling sprang durch den Reifen
Des Himmels auf grünen Plan
Da kam mit Orgeln und Pfeifen
Der Plärrer bunt heran.

Dort hab ich ein Kind gesehen
Das hat ein goldenes Haar
Und ihre Augen stehen
Ihr einfach wunderbar.

Und in der Sonne drehen
Die Karusselle dort –

Und wenn sie stille stehen
Dann dreht mein Kopf sich fort.

Nachts ruhn die Karusselle
Wie Milchglasampeln still
Jede Nacht wird sternenhelle
Nun geh es, wie es will!

Nun bin ich trunken, Mädel.
Und trag zu aller Hohn
Statt meinem alten Schädel
Einen neuen Lampion.

Nun mag der Frühling gehen
Ich seh ihn immerdar:
Ich hab ein Kind gesehen
Die hat ein goldenes Haar. *(13,105)*

Da ich genauso bin wie ihr, die Kälte hinter mir, vor mir den Zank und nie könnend, was ich kann, gehe auch ich in diese Rauschgiftbuden. Ich verschaffe mir dort etwas Vergessen und etwas Interesse an der Welt. Denn ich bin abends ganz durcheinander wie die Stadt, in der ich lebe. *(22,721)*

Die Räusche, die hier erzeugt werden, sind nicht etwa entbehrlich. Bei dem Zustand, in dem die Menschen leben, sind sie es nicht. *(22,821)*

BITI IM HERBST

Die Septembernächte sind gut zum Rauchen
Es muß hell sein zum Rauchen, das steht in den
    Dogmen
Man kann noch etwas sich im Weiher tauchen
Und sich mit seinem Hemd abtrocknen

Zuviel Wasser sollte man nicht brauchen
Es ist gut, in trockenen Blättern hin zu dächseln
Im September ist es da noch ganz gut rauchen
Schon im Oktober kannst du nachts die Hände leicht
    verwechseln

Mit Weibern ist es im Oktober ja besser
Die legen sich gern zwischen Blätterleichen
Im Oktober ist es auch nässer
Aber mit einer Pfeife das, das ist kein Vergleichen

(13,136)

ÜBER DIE VITALITÄT

1
Die Hauptsache ist die Vitalität
Die habt ihr nach Branntweingenuß
Ein gesundes junges Weib, das geht
Auf die Vitalität, weil es muß.

2
Die Weiber liegen zu Klumpen geballt
Die Peitsche nehmt mit ihnen ins Bett!
Doch geht's auch im Grünen: das heißt, es geht halt
Mit der nötigen Vitalität.

3
Die Vitalität, die schafft es auch
Beim dümmsten Engel. Die Vitalität.
So daß er euch rasend auf seinem Bauch
Um die letzten Dinge anfleht.

4
Die Vitalität, sie befaßt sich nicht
Mit der Seele und dem Gemüt
Sie befaßt sich mehr mit dem zweiten Gesicht
Und dem Weib als Gestüt.

5
Der Vitalität sind die Folgen egal
Die Vitalität macht sich alles bequem.

Es gibt keine Hemmung. Zum Beispiel Baal
War als Mensch nicht angenehm.

(Darum bitt ich Gott früh und spät
Um Vitalität.) *(13,150)*

Aber jetzt mach ich Ernst, Laina. Das seht ihr schon daran, daß ich mich nicht mit einem Versprechen begnüg, sondern den ganzen Alkohol tatsächlich vernichte. Ich bin leider nie so weit gegangen bei früheren Gelegenheiten, und darum hab ich immer Alkohol in der Reichweite gehabt, wenn ich schwach geworden bin. Das war der Hauptgrund allen Übels. Ich hab einmal gelesen, der erste Schritt zur Enthaltsamkeit ist: keinen Alkohol kaufen. Das ist viel zu wenig bekannt. Aber wenn er da ist, muß er wenigstens vernichtet werden.
(6,363)

LIED DER VERDERBTEN UNSCHULD BEIM WÄSCHEFALTEN

1
Was meine Mutter mir sagte
Das kann wohl wahr nicht sein.
Sie sagte: wenn du einmal befleckt bist
Wirst niemals du mehr rein.

Das gilt nicht für das Linnen
Das gilt auch nicht für mich.
Den Fluß laß drüber rinnen
Und schnell ist's säuberlich.

2
Mit elfen war ich sündig
Wie ein Dreihellerweib.
Und wirklich erst mit vierzehn
Kasteit ich meinen Leib.
Das Linnen war schon gräulich
Ich hab's in Fluß getaucht.
Im Korbe liegt's jungfräulich
Wie niemals angehaucht.

3
Bevor ich noch einen kannte
War ich gefallen schon.
Ich stank zum Himmel, wahrlich ein
Scharlachnes Babylon.
Das Linnen in dem Flusse
Geschwenkt in sanftem Kreis
Fühlet im Wellenkusse:
Jetzt werd ich sachte weiß.

4
Denn als mich mein erster umarmte
Und ich umarmte ihn

Da fühlt ich aus Schoß und Busen
Die schlechten Triebe fliehn.
So geht es mit dem Linnen
So ging es auch mit mir.
Die schnellen Wasser rinnen
Und aller Schmutz ruft: hier!

5
Doch als die andern kamen
Ein trübes Jahr anfing.
Sie gaben mir schlechte Namen
Da wurd ich ein schlechtes Ding.
Mit Sparen und mit Fasten
Erholt sich keine Frau.
Liegt Linnen lang im Kasten
Wird's auch im Kasten grau.

6
Und wieder kam ein andrer
In einem andren Jahr.
Ich sah, als alles anders war
Daß ich eine andre war.
Tunk's in den Fluß und schwenk es!
's gibt Sonne, Wind und Chlor!
Gebrauch es und verschenk es:
's wird frisch als wie zuvor!

7

Ich weiß: noch viel kann kommen
Bis nichts mehr kommt am End.
Nur wenn es nie getragen war
Dann war das Linnen verschwendt.
Und ist es brüchig geworden
Dann wäscht's kein Fluß mehr rein.
Er spült's in Fetzen forten.
So wird es einmal sein. *(13,233f.)*

Das Leben, wie es uns auferlegt ist, ist zu schwer für uns, es bringt uns zuviel Schmerzen, Enttäuschungen, unlösbare Aufgaben. Um es zu ertragen, können wir Linderungsmittel nicht entbehren. Solcher Mittel gibt es vielleicht dreierlei: mächtige Ablenkungen, die uns unser Elend gering schätzen lassen, Ersatzbefriedigungen, die es verringern, Rauschstoffe, die uns für dasselbe unempfindlich machen. Irgend etwas dieser Art ist unerläßlich. *(24,83)*

»Theater« besteht darin, daß lebende Abbildungen von überlieferten oder erdachten Geschehnissen zwischen Menschen hergestellt werden, und zwar zur Unterhaltung. *(23,66)*

TAHITI

1
Der Schnaps ist in die Toiletten geflossen
Die rosa Jalousien herab
Der Tabak geraucht, das Leben genossen
Wir segelten nach Tahiti ab.

2
Wir fuhren auf einem Roßhaarkanapee
Stürmisch die Nacht und hoch ging die See
Das Schiff, es schlingert, die Nacht, sie sank weit
Sechs von uns drei hatten die Seekrankheit.

3
Tabak war da, Schnaps, Papier, Irrigator
Das Bettlakensegel von Topp bedient
Mit: Gedde, zieh dich aus, es wird heiß, der Äquator!
Und: Bidi, setz den Hut fest, der Golfstromwind!

4
Kap Good Horn passierend durch Riechgewässer
Welch ein Kampf mit Piraten und eisgrünem Mond!
Welch ein Taifun bei Java! Drei Menschenfresser
Sangen: Nearer, my God! in den Horizont.

5
Hinter Java mußte schließlich noch Schnaps fließen
Denn Bidi mußte Topp standrechtlich erschießen
Zwei Tage später bekam Gedde von einer Möwe ein
Kind
Und sie fuhren weiter zu dritt gegen den
Nordpassatwind. *(13,238)*

Wir haben bereits gefunden, daß wir mit der Überzeugung aufräumen müssen, man nähere sich dem Kunstgenuß erst, indem man sich von der Nüchternheit entfernt und dem Rausch nähert – wir wissen schon, daß die ganze Skala von der Nüchternheit bis zum Rausch und daß der Gegensatz von Nüchternheit zum Rausch im Kunstgenuß gegenwärtig ist. *(22,724f.)*

LIED

1
Wenn der Abend kommt, Bruder, was machst du da?
Steck deine Zähn ein! Ich kann mich betrinken ja.

2
Ich kann mich gut betrinken wohlan
Daß ich den Abend nicht mehr wahrnehmen kann.

3
Wenn dich einer fragt: was sagst du da?
Ich kann mein Maul halten ja.

4
Wenn sie nichts Besondres an mir sehn
Werden sie vorübergehn.

5
Ist es aber gut, Bruder, ist es gut?
Bruder, was mich angeht, ich ziehe immer meinen Hut

6
Ich kann auch gehen mit meinem Bein
In den Abend hinein.

7
Ich kann nicht wahrnehmen da
Einen großen Unterschied zwischen nein und ja

(13,248f.)

DIE LANGEWEILE

Denn sie sehn in ihre Branntweingläser
Denn die Wälder sind entlaubt und verbaut ist ihr
Holz
Sie sind eingeschlagen in Zeitungen
Und sie haben immer die gleichen Zigarren *(13,273)*

EINEN WHISKY ODER EINEN GIN
Daß Zeit bemerkt nicht werde
Verwandelnd Fleisch in Erde *(13,290)*

Mit Vergnügen lese ich
Wie Horaz die Entstehung der saturnischen Verskunst
Zurückführt auf die bäurischen Schwänke
Welche die größten Häuser nicht schonten, bis
Die Polizei boshafte Lieder verbot, wodurch
Die Schmähenden gezwungen wurden
Edlere Kunst zu entwickeln und mit
Feineren Versen zu schmähen. So wenigstens
Verstehe ich diese Stelle. *(15,114)*

TRINKLIED
Wir sind die Könige der Welt
Wir sind's durch unsere Freude. *(15,257)*

Wenn man zum Kunstgenuß kommen will, genügt es ja nie, lediglich das Resultat einer künstlerischen Produktion bequem und billig konsumieren zu wollen; es ist nötig, sich an der Produktion selbst zu beteiligen, selbst in gewissem Umfang produktiv zu sein, einen gewissen Aufwand an Phantasie zu treiben, seine eigene Erfahrung der des Künstlers zuzugesellen oder entgegenzuhalten usw. Selbst der nur ißt, arbeitet: zerschneidet das Fleisch, führt den Bissen zum Mund, kaut. Den Kunstgenuß kann man nicht billiger bekommen.

(22,571)

ORGES GESANG

Orge sagte mir:

1

Der liebste Ort, den er auf Erden hab
Sei nicht die Rasenbank am Elterngrab.

2

Orge sagte mir: Der liebste Ort
Auf Erden war ihm immer der Abort.

3

Dies sei ein Ort, wo man zufrieden ist
Daß drüber Sterne sind und drunter Mist.

4

Ein Ort sei einfach wundervoll, wo man
Wenn man erwachsen ist, allein sein kann.

5

Ein Ort der Demut, dort erkennst du scharf
Daß du ein Mensch nur bist, der nichts behalten darf.

6
Ein Ort, wo man, indem man leiblich ruht
Sanft, doch mit Nachdruck, etwas für sich tut.

7
Ein Ort der Weisheit, wo du deinen Wanst
Für neue Lüste präparieren kannst.

8
Und doch erkennst du dorten, was du bist:
Ein Bursche, der auf dem Aborte – frißt! *(11,61f.)*

ORGES WUNSCHLISTE

Von den Freuden, die nicht abgewogenen.
Von den Häuten, die nicht abgezogenen.

Von den Geschichten, die unverständlichen.
Von den Ratschlägen, die unverwendlichen.

Von den Mädchen, die neuen.
Von den Weibern, die ungetreuen.

Von den Orgasmen, die ungleichzeitigen.
Von den Feindschaften, die beiderseitigen.

Von den Aufenthalten, die vergänglichen.
Von den Abschieden, die unterschwänglichen.

Von den Künsten, die unverwertlichen.
Von den Lehrern, die beerdlichen.

Von den Genüssen, die aussprechlichen.
Von den Zielen, die nebensächlichen.

Von den Feinden, die empfindlichen.
Von den Freunden, die kindlichen.

Von den Farben, die rote.
Von den Botschaften, der Bote.

Von den Elementen, das Feuer.
Von den Göttern, das Ungeheuer.

Von den Untergehenden, die Lober.
Von den Jahreszeiten, der Oktober.

Von den Leben, die hellen.
Von den Toden, die schnellen. *(15,297f.)*

O LUST DES BEGINNENS! O früher Morgen!
Erstes Gras, wenn vergessen scheint
Was grün ist! O erste Seite des Buchs
Des erwarteten, sehr überraschende! Lies
Langsam, allzu schnell
Wird der ungelesene Teil dir dünn! Und der erste
Wasserguß

In das verschweißte Gesicht! Das frische
Kühle Hemd! O Beginn der Liebe! Blick, der wegirrt!
O Beginn der Arbeit! Öl zu füllen
In die kalte Maschine! Erster Handgriff und erstes
Summen
Des anspringenden Motors! Und erster Zug
Rauchs, der die Lunge füllt! Und du
Neuer Gedanke! *(15,171f.)*

Wissen, an welchem Ende man sich seine Zigarre
anzündet.
Eine Zigarre muß brennen, bevor man sie rauchen
kann.
Desto gleichmäßiger, desto teurer.
Trotz Drehen, trotz Wenden
sie hat bloß zwei Enden.
Ich rauche meine Zigarre *langsam*.
Schnell denken, langsam rauchen. *(26,300)*

Die Musiker wissen wenig über die Wirkung der Musik. Sie überlassen das Studium derselben im allgemeinen den Gastwirten. Eines der wenigen Forschungsergebnisse, die ich im Lauf eines Jahrzehntes zu Augen bekam, war die Notiz eines Pariser Restaurateurs über die verschiedenartigen Bestellungen, welche seine Gäste unter der Wirkung verschiedenartiger

Musik vornahmen. Er glaubte herausgefunden zu haben, daß bei bestimmten Komponisten immer wieder ganz bestimmte Getränke konsumiert wurden. *(23,15)*

MAHAGONNYGESANG NR. 1

1

Auf nach Mahagonny
Die Luft ist kühl und frisch
Dort gibt es Pferd- und Weiberfleisch
Whisky- und Pokertisch.
Schöner grüner Mond von Mahagonny, leuchte uns!
Denn wir haben heute hier
Unterm Hemde Geldpapier
Für ein großes Lachen deines großen dummen
  Munds.

2

Auf nach Mahagonny
Der Ostwind, der geht schon
Dort gibt es frischen Fleischsalat
Und keine Direktion.
Schöner grüner Mond von Mahagonny, leuchte uns!
Denn wir haben heute hier
Unterm Hemde Geldpapier
Für ein großes Lachen deines großen dummen
  Munds.

3

Auf nach Mahagonny
Das Schiff wird losgeseilt
Die Zi-zi-zi-zi-zivilis,
Die wird uns dort geheilt.
Schöner grüner Mond von Mahagonny, leuchte uns!
Denn wir haben heute hier
Unterm Hemde Geldpapier
Für ein großes Lachen deines großen dummen
Munds. *(11,100)*

Zwei Täglein, hörst du! Und schon läßt du nach und täuschst Müdigkeit vor! Wenn ich mit dir bei einem Aquavit ein bissel über mich reden will und wie ich mich verlassen fühl und wie ich über den Reichstag denk! Aber so fallt ihr einem alle zusammen bei der geringsten Anstrengung, denn der Geist ist willig, aber das Fleisch ist schwach. Wo ist der Doktor, der gestern die Welt herausgefordert hat, daß sie sich mit ihm mißt? Der Stationsvorsteher hat ihn noch hinaustragen sehn, er muß selber gegen sieben Uhr untergegangen sein, nach einem heldenhaften Kampf, wie er gelallt hat, da ist der Apotheker noch gestanden, wo ist er jetzt hin? Das nennt sich die führenden Persönlichkeiten der Gegend, man wird ihnen enttäuscht den Rücken kehrn und *zum schlafenden Richter* was das für ein schlechtes Beispiel gibt für das tavastländische Volk, wenn ein Richter nicht einmal mehr Einkehren in einem Gasthof am Weg aushält, das denkst du nicht. Einen Knecht, der beim Pflügen so faul wär wie du beim Trinken, tät ich auf der Stell entlassen. Hund, würd ich ihm sagen, ich lehr dir's, deine Pflicht auf die leichte Achsel zu nehmen! Kannst du nicht dran denken, Fredrik, was von dir erwartet wird, als einem Gebildeten, auf den man schaut, daß er ein Vorbild gibt und was aushält und ein Verantwortungsgefühl zeigt. Warum kannst du dich nicht zusammennehmen und mit mir aufsitzen und reden, schwacher Mensch? *(6,286)*

DAS MEER IST BLAU-SONG

1

Hallo, jetzt fahren wir nach Birma hinüber
Whisky haben wir ja noch genügend dabei
Und Zigarren nehmen wir Henry Kley
Und die Mädels haben wir ja auch schon über
Na, da sind wir eben jetzt so frei.
Denn andere Zigarren, die rauchen wir nicht
Und weiter wie Birma reicht dem Kasten der Rauch nicht
Und einen lieben Gott, den brauchen wir nicht
Und einen Anstand, den brauchen wir auch nicht.
Na also, good bye!
Und das segelt so hin, und das kommt auch mal an

Und ein lieber Gott läßt sich nicht blicken
Und dem lieben Gott, dem liegt vielleicht nichts daran
Und wenn, dann muß er sich drein schicken
Na also, good bye!

Mit Mensch bei mir nicht und na wat denn, mein
  Sohn
Und fehlt's wo, dann laß mich's mal wissen
Und 'ne feinere Regung, nicht um 'ne Million
Da wird eben auf alles geschissen.
Und das Meer ist so blau, so blau, und das geht alles
  seinen Gang
Und wenn die Chose aus ist, dann fangt's von vorne an
Und das Meer ist blau, so blau, und das geht ja auch
  noch lang
Und das Meer ist blau, so blau, und das Meer ist blau.

2
Da möchten wir mal zum Beispiel ins Kino gehen
Das kostet Geld, das hat doch kein Gewicht
Ja, graue Haare wachsen lassen wir uns nicht
Leute wie wir, die müssen sich auch mal amüsieren
Denn für uns, da gibt es keine Pflicht
Zigarren unter fünf Cents, die rauchen wir nicht
Und Schwarzbrot verträgt doch ihr Bauch nicht
Und für andere sorgen, das brauchen sie nicht
Und mal in sich gehen, brauchen die auch nicht, das
  hat kein Gewicht

Und das lebt so dahin und das stellt so was an
Und kein lieber Gott läßt sich nicht blicken
Und dem lieben Gott, dem liegt vielleicht auch gar nichts daran
Und wenn, dann muß er sich drein schicken, na also, good bye!

3
Da kehren wir jetzt zu unseren Matrosen zurück. Da braucht jetzt nur einmal ein Sturm zu kommen.
Na ja, da ist ja schon das Dock von Birma
Halt Du, das ist doch nur 'ne schwarze Wolkenwand
Mensch, und die Wellen, 's ist ja allerhand
Mensch, das verschlingt uns ja die ganze Firma.
Ja, da sind wir jetzt glatt am Rand, ja da sind sie eben jetzt am Rand!

Bald sinkt das Schiff zu Grund, das Meer geht drüber
Und die versunken sind, sucht auch nur mehr der Hai
Da hilft kein Whisky mehr und keine Henry Kley.
Wo's jetzt hingeht, da kommt kein Mädchen mehr mit rüber
Ja, da heißt's auf einmal jetzt good bye, ja da heißt's auf einmal jetzt good bye.
Da hört man auf einmal keine großen Reden mehr
Da sind sie auf einmal alle ganz klein
Da plappert jeder plötzlich ein Vaterunser her
Da will's plötzlich keiner mehr gewesen sein – denn jetzt ist's vorbei.

Und jetzt will ich Euch mal was sagen – das kennen wir schon
Da wird ein Leben lang das Maul aufgerissen – und steht so was dann vor Gottes Thron
Dann wird in die Hosen geschissen.
Ja das Meer ist blau, so blau – und das geht alles seinen Gang
Und wenn die Chose aus ist, fangt's nicht von vorne an
Ja das Meer ist blau, so blau – nur geht es nicht sehr lang
Ja das Meer ist blau, so blau – das Meer ist blau.

(14,21-23)

JETZT TRINKEN WIR NOCH EINS

Dann gehen wir noch nicht nach Hause
Dann trinken wir noch eins
Dann machen wir mal eine Pause. *(14,34)*

SERENADE

Jetzt wachen nurmehr Mond und Katz
Die Menschen alle schlafen schon
Da trottet übern Rathausplatz
Bert Brecht mit seinem Lampion.

Wenn schon der junge Mai erwacht
Die Blüten sprossen für und für
Dann taumelt trunken durch die Nacht
Bert Brecht mit seinem Klampfentier

Und wenn ihr einst in Frieden ruht
Beseligt ganz vom Himmelslohn
Dann stolpert durch die Höllenglut
Bert Brecht mit seinem Lampion. *(13,93 f.)*

WENN DER WHISKY VERRAUCHT IST

Dann gehen wir nach Surrabay
Wenn die Frau gebraucht ist
Dann gehen wir nach Surrabay

Surrabay, das gibt es nicht
Das ist kein Ort
Surrabay – das ist nur
Ein erfundenes Wort *(13,331)*

Ein Fremdling, der eine der Riesenstädte dieses Kontinents betritt, sagen wir New York, um sich Geschäften zu widmen, vielleicht nicht sehr aussichtsreichen Geschäften, zum Beispiel dem Theatergeschäft, ein solcher Mann würde zweifellos von Glück sprechen können, wenn er eines Tages in dem Zustand, in den er unweigerlich geraten muß, die Bedeutung gewisser kleiner oder manchmal auch großer Läden entdeckt, die über die ganze Stadt verstreut liegen und 120 Minuten Unterhaltung verkaufen, die Kinos. Zusammen mit erstaunlich vielen anderen Leuten, die sich anscheinend in einem ähnlichen Zustand befinden, wohl deshalb, weil ihre Geschäfte ähnlich aussichtslos sind, wird er sich dort, zu seiner Freude, einige Erleichterung verschaffen können. *(22,168)*

GEGEN VERFÜHRUNG

1

Laßt euch nicht verführen!
Es gibt keine Wiederkehr.
Der Tag steht in den Türen;
Ihr könnt schon Nachtwind spüren:
Es kommt kein Morgen mehr.

2

Laßt euch nicht betrügen!
Das Leben wenig ist.
Schlürft es in vollen Zügen!
Es wird euch nicht genügen
Wenn ihr es lassen müßt!

3
Laßt euch nicht vertrösten!
Ihr habt nicht zu viel Zeit!
Laßt Moder den Erlösten!
Das Leben ist am größten:
Es steht nicht mehr bereit.

4
Laßt euch nicht verführen!
Zu Fron und Ausgezehr!
Was kann euch Angst noch rühren?
Ihr sterbt mit allen Tieren
Und es kommt nichts nachher. *(11,116)*

Es gibt keinen schöneren Genuß als den Körper eines jungen Weibes. Er darf nicht besudelt werden. Er ist wild und geschmeidig wie der Leib eines Tigers und doch sanft und schmeichelnd, voller Wonne und ganz herrisch. Wenn du die jungfräulichen Hüften umspannst, zuckt warmes Leben in deinen Händen und in der Angst und Seligkeit der Kreatur wirst du zum Gott. Im Tanz durch Höllen, hopp! und gepeitscht durch Paradiese, hopp! Ihr zittert, aber das ist Kraft, und du weißt nicht, bist du's oder ist es sie. Wie zwei Bäume die Wurzeln durcheinanderschieben, so verstricken sich eure Glieder, ihr versteckt euch eins im anderen. Du weißt nicht, wessen Herz schlägt, wenn du's fühlst, und was wie Kampf um Leben und Tod ist, ist die innige Umarmung. [...] Darum ist es kein Spiel und auch darf es niemand verbieten, denn es ist eine Sache eines jeden Menschen selbst und er kann sterben daran. Aber die Liebe ist wundervoll und für alle Geschlechter gleich herrlich. Sie ist, wie wenn man in eine Orange beißt, daß der Saft einem in die Zähne schießt. *(1,28f.)*

ÜBER INDUKTIVE LIEBE

(F. Bacon gewidmet,
der die induktive Methode in die
Naturwissenschaften einführte)

Der große Bacon baute auf Versuche.
's wär Zeit, sie in die Liebe einzuführen.
Vielleicht, wir finden, wenn wir uns berühren:
Wir liegen gerne unter einem Tuche.

Und meine Hand, die deine Brüste fand
Sag: ist sie angenehm? Wenn wir's nur wüßten!
Vielleicht dem Schoß nicht, aber doch den Brüsten?
Vielleicht dem Schoß, und diesem nur die Hand?

Nur dürfte weder Wollen noch Verwehren
Bei dem Versuch das letzte Wort bedeuten.
Erfreuen sollten wir, wenn wir uns freuten.
Aus dem Genießen wachse das Begehren.

Gestattete sie, daß er sie begattet
Ist ihm, sich nicht zu gatten, auch gestattet. *(14,425)*

DIE TODFEINDE DES SPORTES

Der Sport hat hauptsächlich zwei Feinde, die ihm wirklich gefährlich werden können. Erstens sind da die Leute, die aus ihm mit aller Gewalt eine hygienische Bewegung machen wollen. Diese Sorte von Leuten arbeitet mit Vorliebe unter der Devise, Sport sei gesund, und versucht damit, in den Schulen und auch durch populäre Literatur das, was an wirklichem Sportgeist in den jüngeren Leuten steckt, für alle Zeiten zu ruinieren. Selbstverständlich ist Sport, nämlich wirklicher passionierter Sport, riskanter Sport, nicht gesund. Da, wo er wirklich etwas mit Kampf, Rekord und Risiko zu tun hat, bedarf er sogar außerordentlicher Anstrengungen des ihn Ausübenden, seine Gesundheit einigermaßen auf der Höhe zu halten. Ich glaube nicht, daß Lindbergh sein Leben durch seinen Ozeanflug um zehn Jahre verlängert hat. Boxen zu dem Zweck, den Stuhlgang zu heben, ist kein Sport. Der Zweck des Sportes ist natürlich nicht körperliche Ertüchtigung, sondern der Zweck körperlicher Ertüchtigung kann Sport sein.

Der zweite Hauptgegner des Sports ist der wissenschaftliche Fimmel. Hierher gehören leider meistens mit besonderer Unterstützung der Presse die krampfhaften Bemühungen einiger »Kenner«, aus dem Sport eine Art »Kunst« zu machen. Diesen Kennern wächst jetzt schon wieder auf der bloßen Hand eine ganze Nomenklatur von Fachausdrücken, und die Tendenz geht immer mehr aus l'art pour l'art. Im Boxsport äußert sich diese sportsfeindliche Tendenz in der Propagierung des Punktverfahrens. Je weiter sich der Boxsport vom K. o. entfernt, desto weniger hat er mit wirklichem Sport zu tun. Ein Boxer, der seinen Gegner nicht niederschlagen kann, hat ihn natürlich nicht besiegt. Sehen Sie sich zwei Männer an einer Straßenecke oder in einem Lokal einen Kampf liefern. Wie stellen Sie sich hierbei einen Punktsieg vor? Die Haupt-Todfeinde des natürlichen naiven und volkstümlichen Boxsportes sind jene Gelehrten, die an den Seilen sitzen und in ihre Hüte hinein Punkte sammeln.

Sie verstehen mich: je »vernünftiger«, »feiner« und »gesellschaftsfähiger« der Sport wird, und er hat heute eine starke Tendenz dazu, desto schlechter wird er.

(21,224f.)

In den Sportpalästen wissen die Leute, wenn sie ihre Billette einkaufen, genau, was sich begeben wird; und genau das begibt sich dann, wenn sie auf ihren Plätzen sitzen: nämlich, daß trainierte Leute mit feinstem Verantwortungsgefühl, aber doch so, daß man glauben muß, sie machten es hauptsächlich zu ihrem eigenen Spaß, in der ihnen angenehmsten Weise ihre besonderen Kräfte entfalten. *(21,120)*

DER KINNHAKEN

Nach einem Großkampfabend im Sportpalast saßen einige Leute, mit mir im ganzen vier, immer noch in relativ blutrünstiger Stimmung, bei einem Glase Bier in einer Bierquelle Potsdamer Straße, Ecke Bülowstraße, und einer, ein Professionalboxer, erzählte die lehrreiche Geschichte vom Untergang Freddy Meinkes, des »Kinnhaken«.

»Freddy«, erzählte der Mann, heftig schielend und mit einem Ellenbogen in einer Bierlache ausruhend, »Freddy stand vor zwei Jahren vor der Chance seines Lebens. Freddy hieß natürlich Friedrich. Aber er war ein halbes Jahr drüben gewesen, übrigens ein ziemlich dunkles halbes Jährchen, über das er auf gar keinen Fall sprechen wollte, und da hatte er außer einigen völlig unbekannten Namen auf seinem Rekord und zwei bis drei Dollarnoten, die er mitunter wie aus purer Vergeßlichkeit aus seiner Hosentasche zog, hauptsächlich den Vornamen Freddy mitgebracht.

Er boxte unter diesem Kosenamen als Freddy einige Monate in kleineren Städten wie Köln und so in der Provinz herum, und dann hieß er plötzlich ›der Kinnhaken‹ und hatte einen erstklassigen Namen.

Als wir ihn hier zum ersten Male in Sicht bekamen, grinsten wir zuerst nicht wenig über die Art, wie er seinen Start aufzog, sich photographieren ließ und ein direktes Damenhöschen anhatte, lila. Es war das Koketteste, was Sie je in einem Ring sehen konnten, Herr. Er ging herum wie auf dem Theater. Aber dann machte er seinen Mann in der ersten Runde k.o., und zwar vermittels eines Kinnhakens, der sich gewaschen hatte. Sie wissen übrigens doch, daß er Bantam war? Diese Leute haben im allgemeinen keinen Schlag, und Freddy war noch dazu eine ganz besonders windige Erscheinung, wenn man ihn so sah. Aber dann hatte er plötzlich ein Tempo wie ein Propeller, und dazu ein Hineingehen wie mit fünfzig Pferdekräften, und am Schluß war der ganze Mann wirklich ein einziger Kinnhaken.

Als wir danach beisammensaßen und ihm die Schulter und den Rücken fast kaputt klopften, sagte er, es sei lediglich eine Folge von Sichzusammennehmen. Man könne nur dann wirklich ungemütlich werden, wenn man genau wüßte, daß man sich auf jeden Fall in der Hand hätte. Er selbst müsse von Anfang an das Gefühl haben, daß er nicht an einen Mann hinschlage, sondern durch ihn durch, und daß also die Hand durch so eine Sache wie ein Kinn überhaupt nicht aufgehalten werden kann. Solche Sachen sagte er noch mehr, und jedenfalls war es gut für ihn, sie zu glauben, wie wir ja gesehen hatten. Er hatte an diesem Abend einen ausgewachsenen Erfolg und steuerte direkt auf den Meisterschaftskampf zu.

Uns allen schien es reichlich früh, als wir dann das Datum hörten, es war kaum acht Wochen später. Freddy schwamm flott in seiner Glückssträhne, er trainierte mit Wucht. Unter anderen suchte er als Trainingspartner sogar mich aus. Die Schnelligkeit schien er sowieso gepachtet zu haben, und meine dreißig Pfund Mehrgewicht waren ihm gerade genug, seinen unnatürlichen Schlag auszuprobieren. Trotzdem war er beim Training eine Enttäuschung. Es kam wahrscheinlich davon, weil er sich eben nicht so ›zusammennahm‹ und man ja auch nicht mehrere Wochen lang durch Leute ›hindurchschlagen‹ kann. Das hatte also nicht sonderlich viel zu bedeuten. Wichtiger aber war, daß er überhaupt soviel Sums machte. Es ging mich natürlich gar nichts an, wenn er sich ein Motorrad auf Abzahlung hinstellte und ausgerechnet in diesen Tagen das Motorradfahren lernen wollte. Ich dachte mir, er hätte damit noch ruhig warten können. Aber wenn er sich auch noch eine Braut zulegte mit solider Verlobung und einem regelrechten Hausstand am Horizont, womöglich noch mit Nußbaumbetten und Bücherschrank, eine ganz dicke Sache, dann war das zweifellos zu weit gegangen. So einer, der in ein solches Riesenunternehmen wie eine Verlobung hineinstiefelt in einem Moment, wo seine Existenz doch einfach an einem Faden hängt, bringt es dann glücklich zustande, daß eine Unmasse und womöglich sein ganzes Lebensglück von irgend etwas abhängt, was doch immerhin noch erst kommen muß. So einer darf dann eben einfach nicht mehr verlieren. Aber ich sage Ihnen, Herr, wenn von etwas zuviel abhängt, dann ist die Sache schon faul. In einen Meisterschaftskampf sollte einer hineingehen wie ein Verkäufer in seinen Laden. Verkauft er was, gut. Verkauft er nichts, gibt es noch einen Ladenbesitzer für die schlaflosen Nächte. Nun, der Kampf war am 12. September.

Freddy war am 10. fertig mit dem Training, und am 12. abends 7 Uhr saßen wir in diesem Lokal, Freddy, ich und sein Manager, der dicke Kampe, Sie kennen ihn, dort drüben, da, wo der Mann mit dem Zahnstocher sitzt. In einer Stunde sollte die Sache steigen. Es war natürlich falsch, sich hier hereinzusetzen, Sie sehen ja, wie rauchig und dumpf diese Budike ist, aber Freddy hatte Lust dazu, und er hielt gar nichts von Leuten, die ihrer Lunge wegen auf jedes Märzlüftchen aufpassen mußten. Kurz und gut, wir saßen da in einem Dunst, durch den man mit einer Dampfsäge nicht gekommen wäre, und Kampe und ich bestellten ein Glas Bier, und daraus entwickelte sich in den fünfzehn Minuten, die uns noch blieben, jetzt eine höchst scheußliche Angelegenheit, die übrigens nur ich merkte. Freddy bekam Lust, ein Glas Bier zu trinken.

Er rief auch tatsächlich den Ober. Aber da fuhr Kampe dazwischen und sagte energisch, das sei heller Wahnsinn, jetzt vor dem Kampf; er könne eher Schuhnägel essen als Bier trinken.

Freddy murmelte ›Unsinn‹, ließ aber den Ober wieder weggehen. Für Kampe war damit die Sache erledigt, aber für Freddy war sie es nicht. Kampe sprach noch einmal alles, was er über Freddys Gegner Ungünstiges und Günstiges wußte, durch. Freddy las in einem

Abendblatt. Ich hatte den Eindruck, daß er hinter seinem Anzeigenteil sich immer noch mit dem Bier beschäftigte, genauer gesagt, mit seinem Wunsch nach Bier.

Gleich darauf stand er auf und schlenderte an den Schenktisch hinter, Kampe bemerkte es gar nicht. Dort stand er eine Zeitlang, ohne sich übermäßig vorzudrängen, ein-, zweimal ließ er einen anderen und einmal einen Kellner vor. Dann nahm er mit einem ziemlich blöden Ausdruck einige Zigaretten, die er in die Westentasche steckte.

Als er an den Tisch zurückkam, sah er irgendwie verändert aus, er spielte mit den Zigaretten in der Westentasche und sah entsetzlich mürrisch aus. Er setzte sich aber wieder ganz ruhig hinter sein Achtuhr-Abendblatt. Jetzt fing ich an, ohne auf Kampes Redefluß zu achten, auf das Bier zu schimpfen. Ich weiß noch, ich sagte, es sei ein lauwarmes, ekelerregendes Gesöff, dem man seine zweifelhafte Herkunft aus irgendeiner Mistlache direkt anschmecke und in dem ein solider kleiner Typhus stecke. Freddy grinste.

Ich glaube, er war mit seinem Kampf gegen sich selbst ziemlich zu Ende. Es war ihm ganz unerträglich, daß er hier sitzen sollte und nichts trinken durfte, weil irgend etwas davon abhing, daß er nicht schlapp machte, und daß er doch Lust hatte, diese Typhuslake in sich hineinzubekommen, und zu schwach war, es einfach zu tun, wonach ihn unvernünftigerweise gelüstete, und daß er sich vor allem ärgerte, daß er diese Unvernunft hatte. Gleichzeitig sah er wahrscheinlich das Mädchen mit dem Verlobungsgesicht, die Nußbaumbetten und den Bücherschrank, und er stand auf und zahlte.

Wir fuhren in einer Autotaxe schweigend zum Sportpalast.«

Als der Boxer mit seiner Erzählung so weit gekommen war, bemerkte er, daß sein Ärmel in einer Bierlache lag, und trocknete ihn mit dem Taschentuch. Obwohl wir uns alle schon über den Ausgang des Kampfes ziemlich klar waren, fragte ich dennoch der Vollständigkeit halber:

»Ja, und – ?«

»Er wurde in der zweiten Runde k.o. geschlagen. Hatten Sie etwas anderes erwartet?«

»Nein, aber warum glauben Sie also, daß er k.o. geschlagen wurde?«

»Ganz einfach. Als wir das Lokal verließen, wußte ich, daß Freddy eine schlechte Meinung von sich bekommen hatte.«

»Das ist ziemlich klar«, sagte ich, »aber was sollte nach Ihrer Ansicht ein Mann in Freddys Lage machen?«

Der Mann trank sein Glas aus und sagte:

»Ein Mann soll immer das tun, wozu er Lust hat. Nach meiner Ansicht. Wissen Sie, Vorsicht ist die Mutter des k.o.« *(19,205-209)*

CHORAL VOM MANNE BAAL

1

Als im weißen Mutterschoße aufwuchs Baal
War der Himmel schon so groß und still und fahl
Jung und nackt und ungeheuer wundersam
Wie ihn Baal dann liebte, als Baal kam.

2

Und der Himmel blieb in Lust und Kummer da
Auch wenn Baal schlief, selig war und ihn nicht sah:
Nachts er violett und trunken Baal
Baal früh fromm, er aprikosenfahl.

3

In der Sünder schamvollem Gewimmel
Lag Baal nackt und wälzte sich voll Ruh:
Nur der Himmel, aber immer Himmel
Deckte mächtig seine Blöße zu.

4

Alle Laster sind zu etwas gut
Und der Mann auch, sagt Baal, der sie tut.
Laster sind was, weiß man, was man will.
Sucht euch zwei aus: eines ist zuviel!

5
Seid nur nicht so faul und so verweicht
Denn Genießen ist bei Gott nicht leicht!
Starke Glieder braucht man und Erfahrung auch:
Und mitunter stört ein dicker Bauch.

6
Zu den feisten Geiern blinzelt Baal hinauf
Die im Sternenhimmel warten auf den Leichnam Baal
Manchmal stellt sich Baal tot. Stürzt ein Geier drauf
Speist Baal einen Geier, stumm, zum Abendmahl.

7
Unter düstern Sternen in dem Jammertal
Grast Baal weite Felder schmatzend ab.
Sind sie leer, dann trottet singend Baal
In den ewigen Wald zum Schlaf hinab.

8
Und wenn Baal der dunkle Schoß hinunterzieht:
Was ist Welt für Baal noch? Baal ist satt.
Soviel Himmel hat Baal unterm Lid
Daß er tot noch grad gnug Himmel hat.

9
Als im dunklen Erdenschoße faulte Baal
War der Himmel noch so groß und still und fahl
Jung und nackt und ungeheuer wunderbar
Wie ihn Baal einst liebte, als Baal war. *(11,107f.)*

NACHWEISE

Alle Texte sind entnommen aus:

Bertolt Brecht, *Werke*. Große kommentierte Berliner und Frankfurter Ausgabe, herausgegeben von Werner Hecht, Jan Knopf, Werner Mittenzwei und Klaus-Detlef Müller, 30 Bände (32 Teile) und ein Registerband, Berlin u. Weimar / Frankfurt am Main 1988-2000.

Die Druckorte in den *Werken* sind am Ende jedes Textes mit Bandnummer und Seitenzahl(en) angegeben.

BERTOLT BRECHT

BRECHT-LESEBÜCHER
im suhrkamp taschenbuch

FÜR ALLE FÄLLE: BRECHT
Herausgegeben von Albert Ostermaier

Band 1
VERFÜHRUNG
Ausgewählt von Feridun Zaimoglu
st 4066. 107 Seiten

Band 2
RAUSCH
Ausgewählt von Charles Schumann
st 4067. 104 Seiten

Band 3
MUSIK
Ausgewählt von Albert Ostermaier
st 4068. 108 Seiten

Band 4
VERBRECHEN
Ausgewählt von Thea Dorn
st 4069. 109 Seiten

Band 5
VERRAT
Ausgewählt von Maxim Biller
st 4070. 109 Seiten

Band 6
KAPITAL
Ausgewählt von Georg M. Oswald
st 4071. 110 Seiten